遊び場面における幼児の仲間との関係調整の発達
―― 交代制ルールの産出とその主導者を中心に ――

藤田　文著

風間書房

序　文

　この本は，藤田文先生の学位論文「遊び場面における幼児の仲間との関係調整の発達：交代制ルールの産出とその主導者を中心に」をもとに書かれたものです。

　藤田先生は，九州大学教育学部，九州大学大学院教育学研究科，日本学術振興会特別研究員を経て，地元，大分県の大分県立芸術文化短期大学に着任なさいました。現在，教授としてご活躍です。この間，一貫して「幼児の社会性」の研究に取り組んでこられました。

　藤田先生は，私と同じゼミで学んだ学友です。私たちが学んだ当時の九州大学教育学部，教育学研究科には独自の学風がありました。それは，卒業論文でさえ，個々人にオリジナリティを強く求める学風です。

　この点に関して，例えば九州大学教育学部が輩出した先輩，PM理論の三隅二不二先生の例を出すとわかりやすいかと思います。この理論は三隅先生の独自理論です。決して他の先行研究の追試や援用ではありません。このように私たちは，自分自身の関心のあるテーマににについて，とにかく自分自身の言葉で語り，自分の理論で説明することが徹底的に求められました。ピアジェやスキナーのような，大御所の理論でさえ，「それは他者の意見でしょう？あなたの意見は？」と問われたものです。

　藤田先生の一連の研究には，この学風が反映していると思います。なぜなら，藤田先生が本書の研究に着手した頃，幼児心理学の主流は認知発達研究でした。そのような中，藤田先生は，幼児の社会性の研究に着手したのです。主流でない領域に取り組むことは，参考にする手法や知見，理論的枠組みが少ないことでもあります。この難問に対して，藤田先生は，ものごとを工夫する豊かな創造性と根気強さという，持ち前の資質を生かして研究を続けて

こられました。本書には、以下の点で藤田先生の研究者としての優れた資質と研究スタイルが現れていると思います。

　まず、幼児の社会性の研究フィールドを、仲間同士の「関係調整」能力に焦点を絞った点です。他者との関係を調整する能力は、社会性の中でも特に重要な、生涯にわたって必要な能力と言えます。

　次に、「ルールの産出」を中核に、関係調整能力を分析した点です。この明確に設定された視点は、私たちに規準が明解な交代制ルールの産出が、幼児の社会性の発達において、大きな足場かけになっていることを示してくれます。

　最後に、研究手法の工夫です。言語能力の未熟な乳幼児の研究では、研究手法の開発が新しい知見を生み出す大きな要因となります。藤田先生の研究は、自由遊び場面での偶発自体の観察ではなく、仮説に沿って課題を徹底的に工夫しています。その結果、理論を緻密に積み上げた研究となっています。

　ところで藤田先生は、学生の頃から物事の本質を見抜く卓越した力をお持ちでした。このことを、私は本書を読んで、再確認致しました。それは次の様なことです。

　現代は女性の社会進出のめざましい時代です。そして、社会で働く女性が増えれば増えるほど、子ども達は乳幼児の頃から保育園で長い時間を過ごすことになります。このことは、心理学が暗黙の内に了解していた母親による養育モデルが、必ずしも成り立たなくなる可能性を意味していると私は思います。社会性の発達も例外ではありません。必ずしも母親だけが人の社会性の基礎を培うとは言えなくなるでしょう。つまり、現代社会は、幼児の社会性の獲得に及ぼす仲間の影響に関する知見が求められている時代と言えるでしょう。

　現代社会では、女性の社会進出がさらに期待されています。藤田先生の研究は、幼稚園や保育園でどのように社会性を育んでゆけばよいのか、まさに現代社会が直面する課題に大きな示唆を与えてくれる研究だと言えます。そ

して，このテーマに卒業論文から取り組んできた藤田先生は，やはり物事の本質を的確に見抜く，卓越した資質を持つ研究者だと思うのです。

　最後に，藤田先生の一層のご研究の発展を祈ると共に，本書が広く関係のある方々に読まれること，本書の知見が刺激となって幼児の社会性の発達に関する研究がさらに発展すること，そして，それらが何らかの形で社会に還元されることを期待したいと思います。

　2014年12月

広島大学大学院教育学研究科
青木　多寿子

目　　次

序文（青木多寿子）

第1章　問題と目的 …………………………………………………1
　第1節　幼児の仲間との関係調整を研究する必要性 ……………1
　第2節　幼児の仲間との関係調整の発達に関する先行研究の概観 ………7
　第3節　幼児の仲間との関係調整を研究する本研究の視点 …………11
　第4節　本研究の目的 ……………………………………………16

第2章　幼児から小学生までを対象とした二者関係の関係調整の発達
　　　　―自由遊び場面における交代制ルールの産出―（研究1）……………19

第3章　交代制ルールに及ぼす遊具の資源量の影響からみた関係調整の発達
　　　　―ボウリングゲーム場面における幼児の交代制ルールの産出―（研究2）……31

第4章　交代制ルールの産出と主導者の観点からみた関係調整の発達
　　　　………………………………………………………………43
　第1節　魚釣りゲーム場面における幼児の二者関係の関係調整
　　　　（研究3）……………………………………………………43
　第2節　魚釣りゲーム場面における幼児の三者関係の関係調整
　　　　（研究4）……………………………………………………60

第5章　交代制ルールの安定性からみた幼児の関係調整の発達 …… 75
　第1節　魚釣りゲーム場面における交代制ルールに及ぼす
　　　　　ゲームの難易度の影響（研究5）………………………… 75
　第2節　お絵かき遊び場面における交代制ルールに及ぼす
　　　　　交代のタイミングの不明確さの影響（研究6）………… 92

第6章　総括 ……………………………………………………………109
　第1節　本研究で得られた知見―各研究結果のまとめ― ………109
　第2節　交代制ルールの産出と主導者の観点からみた関係調整の
　　　　　発達と性差 ……………………………………………………111
　第3節　教育への示唆 ……………………………………………116
　第4節　今後の課題 ………………………………………………118

引用文献 …………………………………………………………………121
謝辞 ………………………………………………………………………125

第1章 問題と目的

　遊びの中で仲間との関係調整を行い協応的に集団活動を行える能力は，社会性の発達の1つの指標とみなされている（McLoyd, Thomas, & Warren, 1984）。遊び場面において仲間との関係を形成し維持するためには，遊びの中に他者を取り込んで遊びを共有し，他者の行動に注意を向けて，他者を配慮しながら継続的・安定的に遊びを展開していくなどさまざまな関係調整をしなければならない。本研究は，このような遊び場面における幼児の仲間との関係調整の発達を明らかにすることを目的とする。

第1節　幼児の仲間との関係調整を研究する必要性

(1) 社会的不適応の予防のための幼児期からの仲間との関係調整研究の意義

　現代社会では，青年期のいじめやひきこもりなどの対人関係の問題から，仲間との関係における適応的な社会的能力への関心がますます高まっている。青年期に現れる対人関係の問題は，幼児期から蓄積された社会的能力と関連があるのではないかという観点で，近年では，仲間との関係調整の長期的な影響に関して縦断的な研究が行われるようになった。前田（2001）では，幼児の仲間との関係における社会的地位の持続性が分析された。その結果，幼児期に社会的地位が低く，あの子は攻撃的な子どもだと仲間から認識されると，その認識が仲間の間に広がり，他の仲間にも避けられるようになり，さらにそういう仲間に対して攻撃的になっていくことが明らかになった。つまり，幼児期の他者との関係調整の特質は，固定的な風評となり，のちの仲間との関係調整の悪循環を形成することが示されている。

　幼小の接続の観点からも，幼児期に獲得されたさまざまな能力の基礎が児

童期に発揮されるようになることが指摘されており，仲間との関係調整の能力についても幼児期がその基礎を形成する重要な時期であると考えられている（無藤，2011）。また，より長期にわたる縦断研究では，子ども時代に仲間との関係調整の能力が欠如すると，のちの青年期の社会的不適応のリスクとなることも示されている（Cowen, Pedersen, Babigian, Izzo, & Trost, 1973; Parker & Asher, 1987; Rubin, Bukowski, & Parker, 1998; Asendorpf, Denissen, & Aken, 2008）。

　このようなリスクを軽減し，社会的不適応を予防していくためには，幼児期からの仲間との関係調整の発達の様相について詳細に検討する必要がある。そしてその知見から，社会的発達の促進に早期から取り組むための保育や教育への示唆を得ることが重要であろう。

(2)母子関係とは異なる意味を持つ仲間との関係調整の重要性

　仲間の概念は，Ladd, Price, & Hart（1990）と斉藤（1992）によって次のようにまとめられている。一般に仲間は，発達レベルの近似した個人であり，普通仲間は血縁ではなく同じ家庭で育てられてもいない。このように年齢の近似した子どもが相互作用して，彼らの同輩集団での位置や役割を獲得する中で，さまざまな仲間との関係が展開されていく。本研究でも，仲間との関係を同様にとらえ，主に幼児期の同輩集団の関係つまり仲間との関係調整の発達に焦点を当てる。

　幼児期の仲間との関係は，母子関係と同様に子どもの社会化に影響を与えるが，その影響は，母子関係とは異なる意味で重要であると考えられる。従来は，両親を子どもの社会化の唯一の担い手とみなす精神分析理論に端を発する考え方が強かった。従って，子どもの初期の社会化過程つまり他者との関係調整については，主に母子関係の研究で取り上げられてきた（Bakeman & Adamson, 1984; Treverthen & Hubley, 1978）。しかし，このような考え方は衰退してきていることが指摘されている（Rubin, 1990；斉藤，1992）。現代では

女性の就労が増加したことから,子どもたちは早期から集団保育制度のもとに置かれ,以後も長く10代後半まで学校制度の中にとどまることになる。そのために,ともすれば両親と過ごす時間よりも保育園で過ごす時間の方が長くなることもあるだろう。種々の社会的ネットワークの中でも仲間との関係の比重が増加し,仲間が子どもの社会性の発達に与える影響は無視できないものになっているのである。

また,Piaget(1932 大友訳,1972)は,仲間との関係,特にいざこざや交渉の経験によって,子どもたちは他者の観点に立つ能力を発達させることができると主張した。斉藤(1992)も,母子関係という縦の関係とは異なっており,対等な横の関係にある仲間との関係の経験が子どもの社会的な能力の発達にとって重要であると指摘した。母子関係において,母親は子どもの要求などをくみ取り,先回りしてコミュニケーションをとる傾向にある。共同注意の研究では,母親はさまざまなコミュニケーションを主導することで,子どもが対象物と他者に注意を向けるように足場かけを行っていることが示されている。しかし,対等な関係である仲間との関係では,そのような大人からの有効な足場が提供されない。仲間との関係においては,子ども自らが足場をつくり,コミュニケーションをとったり,行動をコントロールしたりする必要性が高まる。従って,仲間との関係を経験することで,コミュニケーション能力,自己統制力などの社会的発達が促進されると考えられている。

このような母親との相互作用とは異なる仲間との関係の特質を踏まえ,斉藤・木下・朝生(1986)は,仲間関係の役割を以下の5つの側面でまとめている。まず仲間関係は,他者理解・共感を促進する。仲間関係は,他者の外的行動をそれとして認めるだけでなく,その背後にある知覚経験,気持ちや感情,意図や動機,思考等の内的特性に気づき,正しく推論し理解する経験を与えてくれる。さらにその理解に基づいて他者に実際的に働きかけを行う能力を促進する。第2に仲間関係は,社会的カテゴリー理解を促進する。仲間関係は,男女別カテゴリー,性格特性の多様なカテゴリー,親友とライバ

ルの違い，リーダーとフォロワーの社会的地位の違いに基づくカテゴリーなど，他者の行動を理解するための多くのカテゴリーをつくる豊かな経験を与えてくれる。第3に仲間関係は，社会的規則の理解を促進する。集団生活を円滑に行うためにあるさまざまな規則の意味を，同年齢，同じ立場ということを発端にした仲間との相互交渉の中で不当な圧力や利害の偏りを経験することで考察できるようになる。第4に仲間関係は，コミュニケーション能力を促進する。仲間との交渉は大人との交渉に比べて多くの技能や知識が求められ，会話の調整のために積極的な役割をとらなければならないのでコミュニケーション行動の学習の場となる。第5に仲間関係は，自己統制力を促進する。1から4が可能になるためには，自他の区別が前提となる。仲間との関係の経験は，自分の思考，感情，動機といった内的経験をそのまま行動に移すのではなく，いったん抑えて客観的に外からとらえ直す自己統制能力を育成する。

このように仲間関係は子どもの多くの側面の発達に寄与することから，従来は母子関係における関係調整が研究の中心であったが，仲間との関係調整についても検討を進めていく必要性が高まってきているといえよう。

(3)社会性の研究における関係調整の発達研究の不足

仲間との関係に限らず，人の社会性や対人関係についての研究は，従来社会心理学や発達心理学を含めて多様な観点から進められてきた。従って，コミュニケーション能力，自己統制力，関係調整力，ソーシャルスキルなどさまざまな用語が社会性を表す用語として不統一に用いられている状態である。このような社会性に関する用語を，コミュニケーションを円滑に行うためのスキルに限定して整理したのが藤本・大坊（2007）である。この研究では，定義が多岐にわたる社会性関連のスキルが詳細に分類されて，「スキルの扇」として Fig. 1-1のように統一してまとめられている。

まず文化・社会への適応において必要な能力であるストラテジー，対人関

係に主眼がおかれた社会性に関わる能力であるソーシャルスキル,言語・非言語による直接的コミュニケーションを適切に行う能力であるコミュニケーション・スキルの3種類に分類された。そしてこれらは,個人の能力から社会適応するためのストラテジーにわたる状況や行動のレベルの違いにより(Fig. 1-1の縦軸),コミュニケーション・スキルを基礎とし,その上位にソーシャルスキル,さらに上位にストラテジーが位置する階層構造に関連づけられている。またこれらのスキルは,そのレベルに応じて,文化や社会に共通する汎用的な能力かそれとも特有の状況に対する具体的な能力かという多様性の違いがある(Fig. 1-1の横軸)としている。

この階層の中で特に,直接的コミュニケーションを円滑に行うために必要な話す・聞くといった文化や社会に共通する能力に焦点を当て,この概念をENDCOREsモデルによって整理している。コミュニケーション・スキル概念から自己統制,表現力,解読力,自己主張,他者受容,関係調整に関する6因子を抽出し,これらを,表現力と自己主張に共通するENCODE,解読力と他者受容に共通するDECODE,自己統制のCONTROL,関係調整のREGULATIONに分類して,それらの頭文字を取りENDCOREsモデルとしている。

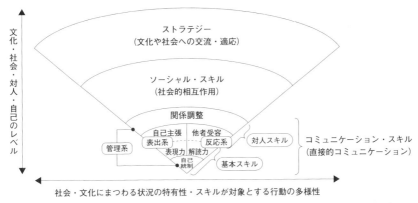

Fig. 1-1 スキルを階層構造として捉えた"スキルの扇"(藤本・大坊,2007)

このモデルでは，相手に対する直接的な働きかけに関する対人スキルには，自己主張と他者受容と関係調整の3因子があるとされている。また，この中の関係調整とは，円滑な社会的相互作用を行うために，集団内の対人関係及びコミュニケーションに働きかける能力であると定義されている。関係調整は，自分の意見を躊躇することなく相手に伝える自己主張能力と，相手の立場や考えを配慮する他者受容能力が土台となり形成されている。関係調整は，自己主張と他者受容の能力を土台にしているが，この二つの能力とは区別された因子である。関係調整は，実際の対人関係をコントロールするものであり，親和的な指向性の側面と能力的な側面を持っている。つまり関係調整は，対人関係に対する指向性である「関係重視」（人間関係を第一に考えて行動する），関係を良好な状態に保つ能力である「関係維持」（人間関係を良好な状態に維持するように心がける）に加え，関係を悪化させる意見対立と感情対立という「葛藤への対処」（意見の対立，感情的な対立による不和に適切に対処する）の3要素から構成されていると考えられている。

　藤本・大坊（2007）は，大学生を対象にして研究を行い，このモデルの妥当性を検証した。共分散構造や他尺度との関連の分析から，コミュニケーション・スキルが階層構造を持ち，基本スキルと対人スキルは別のものであることが明らかにされ，ENDCOREsモデルは確認された。しかし，実際の具体的なコミュニケーション行動との関連はまだ示されておらず，関係調整がどのように発達していくのかという観点もほとんど検討されていない段階である。関係調整の3要素である関係重視，関係維持，葛藤への対処は，発達研究にも当てはまると考えられる。しかし，子どもの場合，年齢が低ければ低いほど，関係調整と思われる行動がどの程度親和的指向性を持っているのか，どの程度関係重視や関係維持を意図しているものなのかを判断することは難しい。そのためもあり，後述するが，従来の発達研究においては，関係調整の3要素の中の葛藤への対処について焦点が当てられているのみである。つまり，他者への指向性という「関係重視」の要素や「関係維持」の要素が，

どのように発達していくのかを検討するという課題が残されたままである。

　本研究では，関係調整とは円滑な社会的相互作用を行うために実際の対人関係をコントロールする行動であるという従来の定義はそのまま採用する。この定義のもとで，子どもを対象に関係調整の発達を検討するために，他者と遊具を共有していく子どもの行動を，関係調整のための行動であると広義にとらえて研究を行う。遊具を介して他者と関わろうとする具体的な行動を検討することで，未熟ではあるが他者への指向性を獲得して関係調整を行おうとしていく子どもの発達が，「関係重視」や「関係維持」の側面も含めて明らかになると考えられる。

第2節　幼児の仲間との関係調整の発達に関する先行研究の概観

　従来，幼児の仲間との関係調整は，自由遊び場面の観察によって研究されてきた。Parten（1932）は，幼児の社会的遊びを観察して，幼児の仲間関係は Table 1-1のような6種類に分類できることを示した。各遊びの出現頻度を調べると，2歳から4歳頃までは平行遊びが多く見られる。仲間同士そばにはいるが直接的な関わりがないという関係が特徴的である。

　それが，加齢に伴い連合遊びや協同遊びが多く見られるようになり次第に仲間との相互交渉が活発になってくる。この後，多くの研究で Parten（1932）の遊びの分類に基づいた観察が行われ，子どもの遊びは，場のみを共有するが対人的接触の少ない平行遊びから，対人的接触の多い協同遊びへと発達することが明らかにされている（Bakeman & Brownlee, 1980; Killen, 1989; Pellegrini & Perlmutter, 1989; Piaget, 1945　大友訳 1967; Rubin, 1982; Smith, 1978; 氏家，1982）。確かに，2歳から5歳という幼児期の仲間関係において，他者との関わりが確実に増加することは示されている。しかし，このような平行遊びから協同遊びへの発達のプロセスで，どのように他者を取り込んで，仲間との関係調整を行っていくのかについては研究が不足している。

Table 1-1 社会的遊びの発達的分類 (Parten, 1932より矢野, 1991が作表)

① 何にも専念していない行動 (unoccupied behavior)
　周りの何にも興味を示さず，ただ自分の身体に関わる遊びだけをしている。
② 傍観 (onlooker)
　他児が遊ぶのをそばで見ていて，時々話しかけたりする。
③ 一人遊び (solitary play)
　他児の近くで遊んでいても，話しかけたりして交渉することなく，お互いに別々の遊びに専念している。
④ 平行活動または平行遊び (parallel activity or play)
　他児のそばで同じようなおもちゃで遊んでいる。おもちゃの貸し借りや会話はするが，他児が立ち去っても無関心でいる。
⑤ 連合遊び (associative play)
　子ども同士が同じ一つの遊びをし，おもちゃの貸し借りやその遊びに関する会話が行われる。
⑥ 相補的組織遊びまたは協同遊び
　(complementary organizational or cooperative play)
　共通の目標に向けて組織され統制された集団が作られ，一人か二人のリーダーがいる。はっきりした集団への所属感があり，異なる役割を分担し，お互いに補い合って一つの目標に向かうという分業が行われる。

　この時期の仲間との関係調整については，関係調整がうまくいかない場合，つまりいざこざをどう解決するかという葛藤への対処について，多くの研究がなされている。Shantz (1987) によれば，仲間同士の社会的葛藤を通して，幼児は共感性や思いやりなどの社会的能力を発達させていく。幼児は自分と違う意図や特質を持った相手と交渉をすることで他者の存在を意識し，自己と他者の関係調整の方法を修得していくのである。従って，いざこざは仲間との関係においてマイナス要因として考えられがちではあるが，発達にとっては肯定的な意味を持っている。
　いざこざは，ほぼ同年齢の仲間との間で生じるものであり，木下・朝生・斉藤 (1986) では「子どもAがBに何らかの行動をし，子どもBがそれに対し，何らかの抵抗や抗議を示した相互交渉場面及び子どもAのBに対する不当な行動・発話を含む相互交渉場面」と定義されている。同様の意味で，山口・香川・谷向 (2009) では「いざこざとは，二者以上の子どもの間で何ら

かの意図や主張のずれがあり，それを相手に表出し合う場面である」と定義されている。

　従来のいざこざの研究は，幼児期のいざこざの解決過程を取り扱っている。ほとんどの研究が，幼児の自由遊び場面の相互交渉を観察し，いざこざの原因，解決のための方略，終結に焦点を当ててその特徴や発達的変化を検討している。

　幼児期のいざこざの原因は，全体的に「ものや場所の占有によるいざこざ」つまり物の使用に関するものが非常に多いことが示されている（Killen, 1989；斉藤ら，1986：倉持，2001）。また，3歳児では「不快な働きかけ」と「ものや場所の占有によるいざこざ」が多く，加齢に伴い「規則違反」や「イメージのずれ」が多くなるという発達的変化が示されている（木下ら，1986；山口ら，2009）。いざこざの原因の変化は，子どもの遊びの内容の発達に左右されている。加齢に伴い，遊びの構造化が進み，ごっこ遊びの役割，見立て，ストーリーなどのイメージを共有できるようになるために，イメージのずれも生じやすくなる。また，ルールの共有もなされるようになり規則違反が原因となるいざこざも増加すると考えられる。

　また，いざこざの解決方略に関しては次のような発達が示されている。1歳児では実力でものを奪い合う方略が多く，2歳児で先に持っていた者が使用する権利を持つという先行所有ルールを用いた関係調整が出現するものの，3歳児でも依然として「単純な抵抗」「拒絶・拒否」や「実力行使」という攻撃的な行動方略が多く使わる（Bakeman & Brownlee, 1980；玉井・杉山・本郷，1992；田中・阿南・安部・糸永・松尾，1997；山本，1991）。行動方略には他にも，「身体的力」（おもちゃから手を放さずに相手を押しやる，相手を引き放しておもちゃの保持に努める行動），「距離化」（おもちゃを上に上げたり，相手に背を向けるなど自分の位置は変えずに持っているものを相手から遠ざける行動），「逃げる」（後ろに下がったり走ってその場を去る，おもちゃを持っている子どもが自分の位置を相手から遠ざける行動）などが見られた（高坂，1996）。また，3歳児では，言語方

略を使用する場合もあるが，不快な発声や相手への非難や自分の主張が多かった。徐々に，ルールへの言及（「先に使っていた。」，「独り占めにしちゃいけないんだよ。」）や心理的圧迫（「仲間に入れてあげない。」，「もう家に来ないで。」）が増加するが，出現頻度は少ない段階である（浅賀・三浦，2007；倉持，2001）。

4，5歳児になると言語方略が増加し，「依頼」，「現状説明の指摘」，「理由を聞く」などが多くなった（平林，2003；山口ら，2009）。また，「先取り」（ものを先取りしていることを主張），「イメージ」（遊びの役割・プラン・状況設定上，自分が争点となる物を持つことがふさわしいことを主張），「限定」（ものや場所を借りる側が「少しだけね。」「すぐ返すから。」など少ない量や短い時間でしか借りないことに言及），「条件」（ものや場所を貸す側が「少しならいい。」「ちょっとね。」など少ない量や短い時間だけ貸すことに言及），「独占」（「いっぱい使っている。」「一回も使ってない。」など先取りしている側が共有しなければならないものを独り占めしていることを指摘し，先取り側が絶対的な優先権を持っているわけではないことを示す）などの相手との交渉を含む言語方略を使用するようになることも示されている（倉持，1992）。

同様に，いざこざ場面での仲間との関係調整については，その場面を紙芝居などで子どもに示して考えさせる仮設的場面の研究も行われている。自由遊び場面の観察研究では，いざこざの出現が不確実であり，多くのデータを集めることが困難であるため，また方略の知識を確認するためにもこのような研究が行われている。これらの研究で，3歳児から5歳児にかけていざこざ解決の方略数が増加し，主張的解決や第三者介入的解決などが増加し，相手を傷つけずに自己の要求を満たす方略を選択するようになることが示された（東・野辺地，1992）。また，5歳児では，身体的攻撃，他者依存的な自己主張は減少し，説得や協調的な自己主張が増加することが示された（山本，1995）。つまり，非言語的で自己中心的な解決方略から，言語的で自他双方の要求を考慮した自己主張解決方略へと変化することが明らかにされた。

このように，いざこざを解決することよりもまず自己の意志を押し通そう

という方略から，言語的に相手と交渉していざこざを解決しようとする方略に加齢に伴い発達することが明らかにされている。また，幼児期は先に遊具を所有している子どもの権利が認められることが多く，先行所有ルールが強く働いていることが示されている（Bakeman & Brownlee, 1980；山本，1991）。いざこざに先立つ1分前に遊具を使用していた者の方が遊具の獲得率が高く，相手の抵抗の出現率が低下することが示された。先行所有ルールはソシオメトリー地位の高低に関係なく適応されることも示された。つまり先行所有ルールは，仲間関係において順位が上の強い者だけに適応されるものではなく，どの子どもにも適応される平等の行動原則に基づいて機能するものである。このことから，ルールの産出が幼児の関係調整に関わっている可能性が示唆される。しかし，この先行所有ルールの萌芽は2歳児頃から見られるという研究はあるものの，3歳児以降の子どものルールの産出やルールに基づいた関係調整の発達についての研究は不足している。

　Onuf (1987) は，子どもと社会的環境の相互作用の媒介としてのルールや，罰回避的でないルールの使用に着目して子どもの社会化を研究していく必要性を強調している。また山本 (1991) は，「人から奪う奪わない」という差よりも，「ものの獲得や利用の仕方」を解明することが重要で，他者から奪おうとするデータに限定せず，交換や共有の提案を含めた交渉過程の介在を重視することが重要であると主張している。しかし従来の研究は，一時的にいざこざを解決し自分が遊具を所有するための方略が分析対象となっており，遊びの中に他者を取り込んで継続的・安定的に他者と一緒に遊具を使用していくためのルールの産出については，ほとんど検討されていないのである。

第3節　幼児の仲間との関係調整を研究する本研究の視点

　第2節で示したように幼児の関係調整に関する先行研究は，関係調整が悪化したいざこざ場面の葛藤への対処のみに注目しており，奪われた遊具を奪

い返すための一時的な関係調整しか取り扱っていなかった。前述したスキルのモデルにおいて，関係調整の構成要素として「葛藤への対処」に加え，「関係重視」「関係維持」が挙げられており，葛藤への対処のみを取り扱ったいざこざ研究だけでは不十分である。つまり，先行研究には，遊びの中に他者を取り込んで遊びを共有する関係重視や，他者の行動に注意を向けて他者と継続的・安定的に遊びを展開するための関係維持の要素が不足している。

幼児の仲間との遊び場面では，他者との関係が未熟な平行遊びから協同遊びへの移行期に，遊びの中に他者を取り込んで遊びを共有し，他者の行動に注意を向けて，他者を配慮しながら継続的・安定的に遊びを展開していくなど，仲間との関係調整の種々の要素が含まれていると考えられる。そこで本研究では，遊び場面における「関係重視」や「関係維持」の要素を含む幼児の仲間との関係調整の発達を明らかにすることを目的とする。

遊びの場面の幼児の行動が，どの程度他者への指向性を持っているのか，どの程度関係重視や関係維持のためなのかを明確に判断することは難しいため，どのような行動を取り出せばそのような関係調整を分析できるのか，仲間との関係調整の発達を検討する視点を母子の関係調整の研究から考えていく。

従来の母子関係における関係調整の研究では，母親の足場かけが子どもの関係調整の発達に重要な役割を果たしていることが示されている。Bakeman & Adamson（1984）と Treverthen & Hubley（1978）は，母子の共同注意に関して，乳児期の子どもと母親の相互作用を観察し，子どもがものへの注意と他者への注意をどの様に協応するのかを検討した。この研究では，月齢が進むにつれて，ものに向けられた子どもの注意が社会的文脈の中に組み込まれて，視線がものと他者に交互に移行するような三項関係が見られるようになり，協応的な共同注意が増加することが示されている。さらに，相互作用のパートナーが母親の場合と子どもの場合が比較され，協応的な共同注意は母親がパートナーの時に多く観察されることが示された。つまり，母親

は子どもとの場の共有場面において，子どもが他者に注意を向けて，自己とものと他者の三項関係を考慮できるように，子どもに必要な足場かけを行っているのである。

　同様の母子の共同注意場面の研究では，1～2歳児の自他理解は自他の同型性の理解から相補性の理解へ進み，その後，個別性の理解へと発達するプロセスが理論的に仮定されている（麻生，1991，1992）。吉田（2010）は，母子関係の事例の観察から，このプロセスを次のように検証している。母親は，子どもとおもちゃの人形を一緒にさわったり，子どもの動きを模倣して，模倣している母親自身に子どもの注意が向くように促したりする。この共同注意の場によって，子どもに自己と他者の同型性が理解される。さらに，月齢が進むと，母親は子どもが投げたボールを投げ返すことを繰り返したり，「いないいないばー」の役割を交互に行ったり，子どもが理解しやすいような単純なルールを提供する。この共同注意の場によって，子どもに自己と他者の相補性が理解される。その後，母子関係のさまざまなやり取りの中で，自己の意図と他者の意図の違いに気づきが生まれ，子どもに自他の個別性が理解されるようになることが示された。この発達プロセスの中でも，共同注意を促す母親の足場かけの重要性が強調されている。

　母親の足場かけで重要な点は，子どものものへの注意を対人的構造に組み込むように調整していくことである。具体的には，母親は，行動の繰り返しパターンを使用し，子どもが予測可能なルールを産出する。そして共有された記憶システムを維持して，ものと他者の両方に同時に注意する労力を低減してやっているのである。これをきっかけに，2歳前後の子どもは対比的な役割をとったり相補的な役割をとったりして，交代制のあるやり取り遊びにふけるようになる。つまり，子どもは遊びの中に他者を取り込んで，する者とされる者の二つの役割を交代で楽しみながら演じる。交代でものを使用したり，交代で役割を演じたりすることによって，それまで未分化であった自己の内部に他者性を認識するようになると考えられている（Wallon, 1952　浜

田訳　1983)。

　子どもは，母親とのこのような関係調整の経験により，自己・もの・他者の三項関係の基本的な構造は認識していると考えられる。しかし，仲間との関係調整の場合，母親のように足場かけをしてくれる人はいない。仲間関係の場合は，対等関係であり，相互の欲求が対立することが多い。従って，仲間関係の中では，おもちゃの取り合いや役割の奪い合い，意見の食い違いなどさまざまないざこざが生じ，多くの葛藤を経験することになる。さらに，相互交渉する中で仲間からの反応は，突発的であったり不規則なものであったりするため，予測不可能なものが多いと考えられる。つまり，仲間関係は，他者と場を共有する困難性が高い。このような仲間との関係調整において足場かけとなるのが，ルールではないだろうか。母親の足場かけにおいて，母親が子どもに提示する行動のルールが，他者を取り込んで，相互作用を継続させるために重要な役割を果たしているからである。

　従って本研究では，遊び場面におけるルールの産出を中心に検討すれば，「関係重視」や「関係維持」の要素を含む幼児の仲間との関係調整の発達を明らかにすることが可能になると考え，ルールの産出が仲間との関係調整の足場かけになると仮定して，次の2つの側面から関係調整の発達を検討していく。

(1)交代制ルールの産出から関係調整をとらえる

　本研究では，子どもがうまく仲間との関係調整を行うためには，ルールの産出が重要な役割を果たすと仮定する。ルールが産出されれば，それが子どもの関係調整の足場かけとなり，他者を遊びの中に取り込んで（関係重視），遊具を継続的・安定的に共有する（関係維持）ことができるだろう。

　ルールの中でも特に交代制ルールに注目する。交代制ルールは，遊具を一時的に他者から奪うということではなく，他者と一緒に遊具を継続的に使用するために産出されるものである。交代制ルールが産出されれば，遊具と他

者の両方に同時に注意を向ける労力を低減させるため，子どもは自己と遊具の関係に他者を取り込むことが可能になる。また，遊具を使用する順番が明確になり，自己と他者の行動が予測可能なものになるため，自己と遊具と他者の関係調整が継続的・安定的にできるようになるだろう。

また，交代制ルールでは，他者が遊具を使用して遊びを実行している間，自分は実行しておらず順番を待っていることになる点が重要である。遊具を同時に使用して同時に遊びを実行する同時制ルールでは，自分が遊びを実行している間に他者の様子を見ることはできず，自分と遊具との関係が重視される。それに対して，交代制ルールでは，自分の順番を待っている間，他者の行動に注意を向けて他者をよく見ることが可能になる。他者の行動をよく見ることで，他者への要求のタイミングを見計らったり，比較対象としての他者を意識したりして，他者との関係調整がより発展していくこともできると考えられる。以上の点から，仲間との関係調整を交代制ルールの産出に注目して検討する。

(2) **ルールの主導者から関係調整をとらえる**

子ども同士の遊びにおいて，ルールが産出されているということだけで，遊びの中に他者が取り込まれているかどうかを判断するのは不十分な場合がある。一連のルールの流れの中で遊具だけが交互に使用され，子ども自身の能動的な他者への働きかけが見られない可能性もあるからだ。また，仲間との関係調整をうまく行うためには，ルールを産出することに加えて，他者を配慮した上でそのルールを主導的に実行することが必要だと考えられる。

斉藤ら（1986）は，仲間との関係は母子関係よりも，他者理解や共感を促進し，他者の外的行動をただそれとして認めるだけでなく，その背後にある知覚経験，気持ちや感情，意図や動機，思考などの内的特性に気づき理解して，さらにその理解に基づいて他者に実際的に働きかけを行う能力を促進すると指摘している。このように考えるなら，仲間との関係調整をしようとす

るルールの主導者に注目すれば，他者への配慮が含まれた関係調整が行われているかどうかを明らかにすることができるだろう。現行のルールに自分の視点を提案したり，言葉にしなくても自分が思うルールを実行したりするルールの主導者は，ルールに他者を自分から取り込んで関係調整を行っていると言えるだろう。

従って，本研究では，仲間との関係調整をうまく行うためには，他者を配慮したルールの主導が必要だと仮定して，ルールの主導者に注目して検討を行う。

第4節　本研究の目的

本研究は，遊び場面における幼児の仲間との関係調整の発達を，ルールの産出とその主導者の観点から検討することを目的とする。加えて，「もの」（遊具）の要素を変化させる場合と，「人」（他者）の要素を変化させる場合を設定し，ルールの産出の難易度を変化させて，幼児の関係調整に関わる要因を検討する。

本研究におけるルールとは，「遊びにおける遊具の使用や役割に関して他者との関係を結ぶ行動規準である」と定義する。本研究はビデオで行動観察をする分析手法をとるため，「1回ずつしよう。」「こういう時に交代しよう。」といった言語的に行動の取り決めが観察されれば，ルールが産出されているとする。また，幼児の場合は言語的な表現が未熟なためルールが明確に言語化されない場合もあると考えられる。従って，遊具が交代される行動などが2回以上継続して観察された場合も，動作的に判断して，ルールが産出されていると定義する。

また，本研究では，ある程度遊具や対象人数を限定した半統制的な遊び場面を設定して，幼児の実際の行動を観察する。全くの自由遊び場面では，関係調整に影響を与える要因が多すぎるため，特定のルールの産出が観察しに

くい．また，仮設的な状況を子どもに示して口頭で答えさせる手法では，実際に他者がいる状況でどのように関係調整するかを明らかにすることができない．従って本研究では，実際の関係の中で幼児が他者との関係調整をどのように行うかについて，さまざまな半統制的な遊び場面を設定して観察を行う．また，幼児を対象とするため言語的な表現が未熟な部分があるので，遊び場面をビデオ録画し行動的な側面を主なデータとして分析していく．行動の量的な側面は統計的分析を実施し，行動の時系列的な側面は観察によるエピソード分析を合わせて実施して関係調整の様相を明らかにする．

　一連の研究で明らかにしていく点は，それぞれ以下の通りである．

　(1)研究1では，4歳児から小学3年生までを対象として，比較的自由度の高い遊具での遊び場面を設定して，子ども同士の二者関係において，どの程度交代制ルールを産出できるのかその発達を明らかにする．また，ルールを他者に言語的に提案する子どもをルールの主導者として，ルールの主導がどの程度出現するのかについても検討する．

　(2)研究2では，研究1によって見い出されたルールの産出と主導者の発達が顕著に見られる年齢を対象として，さらに限定したゲーム場面を設定して，二者関係におけるルールの産出の発達を検討する．遊具を限定してある程度基本的なルールが決定されていれば，交代制ルールを産出し他者との関係調整がうまくいく可能性もあると考えられるからである．特に，「もの」の要素として遊具の資源量を変化させて，遊具の資源量がルールの産出に及ぼす影響について分析する．さらにルールの産出といざこざの発生との関連を調べ，交代制ルールが関係調整に重要なのかどうかについても考察する．

　(3)研究3では，より明確な交代の意志がなければ交代できないようなゲーム場面を設定して，二者関係における交代制ルールの産出と主導者の発達についてさらに検討する．特に交代制ルールの規準の設定の発達について検討する．また，交代のタイミングを計って交代のきっかけを作る子どもをルールの主導者として，より他者を取り込んだ他者への配慮の大きいルールの主

導が，加齢に伴って増加するのかを検討する。

(4)研究4では，研究3で示された交代制ルールの産出や主導者による関係調整についてさらに条件を変えて検討する。「ひと」の要素として仲間の人数を変化させて，三者関係における交代制ルールの産出と主導者の発達を検討する。三者関係になると，待機者が二人になるために，次の順番の子どもを決定して交代制ルールを産出することが困難になると考えられる。このような，より全体的な他者への配慮が必要になる場面での関係調整の発達について検討する。

(5)研究5では，研究3で示された交代制ルールの産出や主導者による関係調整はどの程度安定したものかについて検討する。「もの」の要素としてゲームの難易度を変化させて，ゲームの難易度が，二者関係における交代制ルールの産出と主導者に及ぼす影響について分析する。

(6)研究6では，「もの」の要素として遊具の質を変化させて，二者関係における交代制ルールの産出と主導者に及ぼす遊具の質の影響を検討する。ここでいう遊具の質とは，交代のための規準が明確に設定しやすいかどうかという点である。規準が不明確な遊具の場合にどのように交代の規準を設定するのか，またルールの主導者がどのように他者を配慮するのかについて分析する。

第2章 幼児から小学生までを対象とした二者関係の関係調整の発達
―自由遊び場面における交代制ルールの産出―（研究1）

【問題と目的】

　子どもが遊び場面で他者とうまく関係調整するためには，遊具を他者と継続的に共有するためのルールを産出することが必要であり，特に他者の行動を予測可能にし，自己の行動だけでなく他者の行動にも注意を向けることを可能にする交代制ルールが必要ではないかと考えられる。

　この点を検討するために，本研究では，4歳児から小学3年生までを対象として，どの程度交代制ルールを産出できるのかその発達を明らかにすることを第1の目的とする。従って，子どもの自発的なルール産出を分析するために，比較的自由度の高い遊具での遊び場面を設定する。加齢に伴い，交代制ルールの産出が増加し，ルールを共有した協同遊びが展開されるようになるだろう。

　また，ルールに他者が取り込まれているかどうかを検討するために，本研究ではルールの主導者を，ルールを他者に言語的に提案する子どもとして分析する。遊びの開始時の行動を分析し，自己とルールの関係だけでなく他者についても視点を広げていると考えられる提案がどの程度出現するのかについて検討することを第2の目的とする。加齢に伴い，提案が増加し自己と遊具と他者の三項を考慮した関係調整が行われるようになるだろう。

　本研究では，子どもの仲間関係を二者関係でとらえていく。自由度の高い遊具での遊び場面ではルールも多様で複雑な関係調整が行われる可能性があるので，二人組という最小単位を作って分析を行いやすくする。幼児にとっても，二人組が最も関係調整が行われやすいと考えられるからである。また，

二人組の親密性が関係調整に影響を与えると考えられるため，クラス担任の協力を得て，二人組の組み合わせは日常親しく遊んでいるということを教師と本人ともに認めている子ども同士の組み合わせにした。

【方　法】

対象者：本研究の対象者は，F市内の保育園の4歳児16名（平均年齢4歳8ヶ月），5歳児10名（平均年齢5歳9ヶ月），F市内の小学校1年生（平均年齢6歳8ヶ月）20名，2年生（平均年齢7歳8ヶ月）10名，3年生（平均年齢8歳9ヶ月）10名の計66名だった。

遊具：対象者に与える遊具として，縦6cm，横32cm，高さ2cmの積み木状につくられた箱が8個（青色4個，黄色4個），ビー玉30個，おはじき30個，木製金づち1本が用意された。

手続き：はじめに，対象者は二人組のペアに分けられた。このペアは同性同年齢であり，日常一緒に遊んでいることを教師本人共に認めている子ども同士の二人組であった。

実験は，小学生は放課後に，幼児は保育園の自由遊び時間に実施された。実験者は，各ペアに遊具を提示し「ここに，積み木とビー玉30個とおはじき30個と金づち1個があります。これらのものを自由に使って，ゲームを作って二人で一緒に遊んで下さい。」と教示した。遊びの途中で対象者から遊び方についての質問があった場合は，実験者は「自由に遊んでいいです。」とだけ告げた。

実験は子どもの持続力を考慮し15分間とし，実験者がストップウオッチで時間を測定し，15分経過したところで実験を終了した。対象者には，遊び時間は明示しなかった。15分間の様子はビデオカメラで録画された。ビデオカメラは，遊具から1メートル程度の位置に三脚で設置された。

幼児のみ，この15分間のセッションを3回繰り返して実施した。各セッションの間隔は一週間であった。対象者の組み合わせや遊具や手続きは，3セ

ッションとも全く同じであった。

【結　果】

(1)ルールの産出

　何もルールが与えられていない状態において，子ども達はどのようにルールを産出するのかを分析した。ビデオ観察された15分間のセッションを，各子どもが遊びの種類を変えるまでを1つの区切りとして場面に分けた。つまり，二人が同時に異なる種類の遊びに移行する時はそこで一区切りとし，二人が別々に遊びを変える時はどちらか一方でも遊びを変えた時にそこで一区切りとした。各年齢での平均場面数を Table 2-1と2-2に示した。

　実際に開始された遊びの中で，二人が共有したルールのみを取り出して産出ルールとした。区切られた各場面の遊びの内容を，まずそのルールが二人で共有されているかどうかで分類した。例えば，一方はおはじきをはじいて遊んでおり，他方は積み木を重ねて遊んでいる場合は，ルールの共有はないとみなした。また，事前に何の打合せもなく偶然に同じことをしているような場合も共有はないものとみなした。この分析の結果，小学生では産出ルー

Table 2-1　小学生の平均場面数

学年	平均場面数
1年生	4.9(1.9)
2年生	5.6(2.3)
3年生	4.0(2.0)

注：(　)内は標準偏差。

Table 2-2　幼児の各セッションの平均場面数

	セッション1	セッション2	セッション3
4歳児	7.0(2.7)	6.5(1.7)	6.5(3.2)
5歳児	6.2(1.4)	6.8(3.8)	7.6(2.3)

注：(　)内は標準偏差。

ルが多く見られたが，幼児では別々の遊びを行っている場面が多く，二人で共有している明確な産出ルールが非常に少なかった。

そこで，幼児は分析対象から外し，小学生の産出ルールについて，次の分析を行った。共有されている産出ルールについて，ルールが自己と他者の関係をどのように結びつけているかという観点から分類した。その結果，自己と他者が同時に同じ行動をするもの（例えば，ビー玉を転がすことを用意ドンで同時にする遊び）と，交互に同じ行動をするもの（例えば，ビー玉を他のビー玉に当てるということを二人が交代で行なう遊び）と，それぞれに役割があるもの（例えば，一方の子どもが「私の持っているおはじきの色は何色でしょう。」と問題を出し，他方がそれに答えるといった遊び）が見られた。同時に同じ行動をするものと，交互に同じ行動をするものの中には，さらにお互いの行動の結果を比較するものとしないものが含まれていた。比較があるというのは，例えば，おはじきではじいて当たったら取ってよいというようなルールで，行動に成功失敗があり，そのよしあしを相手と比べる要素のある遊びのことである。逆に比較のない場合は，一緒におはじきでお花の形を作るというようなルールで，成功失敗がなく，相手と比べる要素のない遊びのことである。

こうして分類された遊びの内容と，各学年における出現率を Table 2-3に示した。各ペアでの各内容の出現率を角変換（Kirk, 1982）により変換値（$2\arcsin\sqrt{y}$）に直した。その変換値を用いて，学年×内容の2要因の分散分

Table 2-3 産出ルールの内容別の出現率

内容分類		1年生	2年生	3年生
同時制ルール	比較あり	3.3	26.3	11.1
	比較なし	36.7	15.8	0
交代制ルール	比較あり	43.3	26.3	88.9
	比較なし	10.0	10.5	0
役割あり		6.7	21.1	0

析を行った。その結果，学年×内容の交互作用が有意であった（$F(8,68)=3.19, p<.01$）。下位検定（Tukey法による）の結果，同時制ルール比較なしが1年生で3年生よりも多く，交代制ルール比較ありが3年生で1年生よりも多いことが示された（$q=5.53, p<.01$）。つまり小学生では，同時制ルールから交代制ルールへと産出ルールが発達することが示された。また，3年生で比較ありのルールが増加していることから，自己と他者を分離した関係調整が発達することも示された。

以上の結果より，自由度の高い遊具の場合，幼児ではルールを産出できず平行的な遊びになることが示された。また，1年生よりも3年生で交代制ルールが多く産出されることが明らかになった。加齢に伴い交代制ルールの産出が増加し，ルールを共有した協同遊びが展開されるようになることが示された。つまり，仲間との関係調整には交代制ルールの産出が重要であることが示されたといえよう。

(2)ルールの主導者

産出ルールの主導者を検討するために，結果(1)で分類された各場面における遊びを開始しようとする際の二人の行動パターンの分類を試みた。一方が相手に働きかけるのかという主導的な関係調整と，他方が相手に反応するのかどうかを基にしてTable 2-4の6パターンに分類した。6パターンにおいて各子どもが自己と他者とルールという三項をどのように考慮しているかという観点から分析してTable 2-4に示した。

課題状況に参加している場合を，自己を考慮しているとした。本研究では課題に参加せずに逸脱した者はいなかったので，全員が自己を考慮していることになった。また，ルールを考慮しているということは，自分で新しいルールを作り出そうとすること（他者のルールを後から模倣したり，他者のルールに参加したりすることは除く）であり，他者を考慮しているということは，相手に働きかける（提案）か，もしくは相手の行動に注目して模倣したり参加

Table 2-4 遊び開始時の関係調整パターンと考慮視点数

パターン名	内容	考慮視点	視点数
1. 単独 — 模倣	一方が試しに行っており，他方はそれを見て同じことを別の場所で実行。	自己 — ルール / 自己	2 / 1
2. 提案 — 拒否	一方があることを相手に対して提案するが，他方はそれを拒否。	自己 — ルール / 他者 / 自己	3 / 1
3. 単独 — 単独	二人ともお互いに別の事を試しに実行しており，交流がない。	自己 — ルール / 自己 — ルール	2 / 2
4. 単独 — 参加	一方が試しに行っていることに対し，他方も一緒に取り組み始める。	自己 — ルール / 自己 — 他者	2 / 2
5. 提案 — 参加	一方が提案し，他方がそれに同意し，一緒に取り組み始める。	自己 — ルール / 他者 / 自己 — 他者	3 / 2
6. 話し合い	互いに提案したり，話し合いをしたりしながら，一つのルールを作る。	自己 — ルール / 他者 / 自己 — ルール / 他者	3 / 3

したりすることであると定義した。

　この定義に従って，単独という行動は，子どもは自己とルールの関係のみに注目しており，他者のことは考慮に入れていないとした。模倣は，ルールについては考慮しておらず，他者については考慮している状態であるとした。また，提案するということは，ルールを考慮し他者との関係も考慮している状態であるとした。拒否や無視という反応は自己のことしか考慮していないが，参加という反応は自分でルールは産出しないのでルールへの考慮はなく，他者のみを考慮しているとした。

　各パターンの年齢別の出現率をFig.2-1に示した。幼児は第1セッション

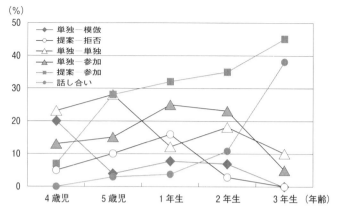

Fig. 2-1　遊び開始時の他者との関係調整のパターンの出現率

のみを分析対象とした。Fig. 2-1より、年齢の変化をみると、4歳児ではパターン1と3という他者視点のないパターンが多く、徐々にパターン2と4の他者視点のあるパターンが増加し、5歳児でパターン5の「提案－参加」という自己と他者の両方を考慮する関係調整パターンが急増し、小学3年生で「話し合い」という二人とも自己と他者とルールの三項を考慮する関係調整パターンが増加することが示された。

　幼児では全体的に、各自が遊びを単独で行って二人の関係調整が見られない平行的な遊び「単独－単独」が多く、小学生では全体的に他者へ働きかける「提案－参加」が多かった。特に、4歳児から5歳児にかけて「提案－参加」が急増する発達的な傾向が示された。つまり、4歳児から5歳児の間で、他者への視点が増加し自己と他者とルールの三項を考慮し、ルールを他者に提案する主導的な関係調整が発達して、協同遊びにつながっていく可能性が示唆された。また、パターン5と6の「提案」は加齢に伴い増加していることから高度な関係調整であり、他者の視点を取り込んだルールの主導者へと発達していくことが示されたといえよう。

(3) 幼児の関係調整の未熟さ

　幼児は交代制ルールを産出できず，「単独―単独」行動が多く，他者との関係調整が未熟であることが示された。全く交代制ルールを産出して提案できなかったわけではないが，たとえ産出したとしても未熟なものであった。その事例を Table 2-5 に示した。

　Table 2-5 は 4 歳男児のペアの例である。積み木の枠を作り，中にあるビー玉をかなづちで打って遊ぶルールで，交代でかなづちを使っていた。ビー玉が枠からはみ出たら交代というルールではあったが，「時々」なら出てもいいというあいまいな規準を用いているために，時々がどの程度なのかが二人の間でそのつど変化していき，うまく関係調整できずにいる例である。

　他者への視点が全くないわけではないが，やはり交代制ルールが産出され

Table 2-5　4歳男児のエピソード

積み木で四角の枠を作り，その中のビー玉をかなづちで打つ遊びを二人で交代で遊ぶ。
B男がA男にかなづちを渡す。A男が遊び始め，A男の打ったビー玉が積み木の枠からはみ出た。
　　B男「出たぜー。まだかよー。」
　　A男「いいんだよ，途中で出てもいいんだよ。」
少しして，A男がB男にかなづちを渡す。
B男の玉が出た。
　　A男「出たぜー。」
　　B男「いいんだよ。時々出ていいって言ったやん。」
　　A男「そーよ。出ていいよ。あっ出た。はい負けね。」
B男がA男にかなづちを渡す。
A男のビー玉が出た。
　　B男「あっ，出たぞー。」
　　A男「でもいいんだよ。時々なら。」
　　B男「出てるぞー。」
　　A男「まだ，時々だって。」
少しして，A男がB男にかなづちを渡す。
B男の玉が出た。
　　B男「わー，時々やけん出てもいい。」
　　A男「えー。でも時々おわったよ。」
　　B男「だってまだ出てないもん。」
　　A男「出たらいかんとぜ。もう時々でも。」

なければ，他者との関係調整がうまくいかないことがこの事例からも示されたといえよう。

(4)他者への視点の増加の要因

4歳児では，他者を考慮して働きかける提案は非常に少なかった。幼児では，遊びのセッションを3回実施したので，3回のセッションの中での主導者の変化を分析した。その結果，3回のセッションの中で，単独試行をしていた幼児が途中で提案するよう変化し主導的な関係調整が増加することが観察された。

例えば，4歳児のC男は最初一人でビー玉をはじいて積み木に当てる遊びをしていた。それを相手のD男に提案する様子は見せなかった。しばらくすると，D男がC男の遊びに興味を示し，D男の方からC男のビー玉遊びに加わってきて参加した。その後，二人はまた分かれて別の遊びを始めたが，C男は新たな積み木を積み上げるルールを考え出し，今度はそれを自分からD男に提案した。このように，他者の方から自分のルールに関心を持ってもらって支持的に参加されると，提案という行動に移行しやすいのではないかと考えられる。

そこで，提案への変化の直前のやりとりを，他者からの支持的参加（他者から遊びに関心を持ってもらい働きかけられた場面）があったかどうかに注目して分析した（Table 2-6参照）。Table 2-6のデータに基づき，対数－線形モデルのあてはめによる分析（Everitt, 1977　山内, 1980）を行った結果，直前に相手の支持的参加があって変化したものが有意に多いことが示された（$u=$

Table 2-6　単独から提案への変化の有無と相手の支持的参加の関係

		単独から提案への変化	
		有り	無し
支持的参加	有り	9	4
	無し	3	10

0.504, $SE=2.26$, $p<.05$)。他者から支持的参加をされることにより,遊びの中に他者を取り込み,主導的にルールを提案する行動へと変化する可能性が示唆された。

【考　察】

　研究1の目的は,幼児から小学生を対象に,比較的自由な遊具で遊ぶ場面を設定し,交代制ルールの産出と主導者の発達について検討することだった。ルールの産出に関する分析の結果,幼児ではルールを産出することが困難であり,二人がそれぞれ平行的に遊ぶことが多いことが明らかになった。交代制ルールが産出されている事例であっても,交代の規準があいまいでうまくルールを共有することができず,他者との関係調整が未熟であることが示された。また,1年生では同時制ルールが多く,3年生で交代制ルールが多く産出され,小学生になるとルールを産出することができルールを共有した協同遊びが展開できるようになることが明らかになった。このことから,仲間との関係調整がうまくいくためには,同時制ルールや交代制ルールなど何らかのルールを産出する事が重要であることが示されたといえよう。

　同じルールであっても,1年生に多かった同時制ルールと3年生に多かった交代制ルールは質が異なっていると考えられる。同時制ルールでは,二人が同時に遊びを実行しているため,その間自己の行動にのみ注目せざるを得ず,他者の実行状況に注意を払うことができない。一方交代制ルールでは,自分の順番の時は自己の行動に集中し,他者の順番の時は他者の行動に注目することができる。従って,他者を取り込んで他者の行動に注目しやすく,自己と他者の両者に注目できる交代制ルールの方がレベルの高いルールであると考えられる。加齢に伴い,交代制ルールの産出が増加し,レベルの高い関係調整が行われるようになることが示唆される。

　更に,3年生では自己と他者を比較するルールが多く産出されていた。このことから,加齢に伴い,自己とルールの関係,他者とルールの関係を別々

に考慮するのではなく，その2つの関係性を同時に考慮して，他者を比較の対象として見るシステムを作りあげるようになることが示唆される。

次に，ルールの主導者の分析から，小学生では全体的に「提案－参加」の遊びの開始パターンが多く，他者の視点を取り込んだ提案を用いてルールを主導していることが明らかになった。1，2年生においては，一方の子どもは提案して主導的であるが，他方の子どもは参加するという受け身のパターンである。それに対して3年生では「話し合い」という二人が相互に提案するパターンが急増している。二人ともルールの主導者となって，ルールを共有していくパターンは小学校3年生頃に出現することが示された。

また幼児では，4歳児から5歳児にかけて提案が急増することが示された。つまり，4歳児から5歳児にかけての時期が，他者への視点が増加して他者との関係調整の能力が発達する時期であることが明らかになった。従って，他者との関係調整の発達を明らかにするためには，他者への視点が芽生えつつあるが，交代制ルールの産出が未熟である4歳児から5歳児に焦点を当てて検討していく必要があるだろう。

関係調整が未熟な幼児に他者への視点を取り込ませる要因を検討するために，3セッションの遊び場面を通して行動の変化を分析した。その結果，単独で遊んでいた子どもが提案行動へ移行する場面が見られ，その直前の様子として相手の子どもが支持的に参加するという行動が見られた。このことから，他者からの支持的な参加は，自分のルールを変更する必要がないため，他者の視点を取り込みやすくする一つの要因であると考えられる。母子関係においては，母親の支持的な働きかけが足場かけになって他者への視点が取り込まれると考えられるが，仲間関係でも同様に支持的な働きかけが重要であるということになるだろう。しかし，仲間関係においては，母子関係ほど相手に支持的に働きかけることは容易ではないと考えられる。

支持的な働きかけが難しい幼児期では，他者への視点を取り込ませるもう一つの要因は，交代制ルールを足場かけにすることである。研究1のような

自由度の高い遊具場面では幼児はルールを考えるのに負担が大きく，自発的に明確な交代制ルールを用いて他者との関係調整を十分に行うことができなかった。交代制ルールを産出しやすい場面であれば，交代制ルールを足場かけとして他者の視点を取り込むことがより可能になるかもしれない。遊具を限定してある程度基本的なルールが決定されていれば，交代制ルールを産出し他者との関係調整がうまくいく可能性もあるだろう。この点について，次に検討していく。

第3章 交代制ルールに及ぼす遊具の資源量の影響からみた関係調整の発達
―ボウリングゲーム場面における幼児の交代制ルールの産出―（研究2）

【問題と目的】

　研究1で，自由度の高い遊具を提示される場面の二者関係のルールの産出が検討された。その結果，幼児は自発的なルールの産出が困難であることが示された。しかし，4歳から5歳にかけて提案が急増し，主導的な他者との関係調整の発達が見られた。従って本研究では，発達的変化が顕著に見られた4歳児と5歳児に焦点をあてて，研究を進めていく。

　研究1のような自由度の高い遊具は，幼児にとってはどのように遊ぶかというルールを考慮することに負担が大きく，遊具の使い方に関する交代制ルールなどが考慮できなかったと考えられる。そこで研究2では，遊具を限定してボウリングゲーム場面を設定し，研究1で分析できなかった幼児の二者関係におけるルールの産出について検討することを第1の目的とする。幼児でも遊具を限定してある程度基本的なルールが決定されていれば，ルールを考える負担が軽減されて他者を取り込んだ交代制ルールを産出できるのではないかと予想される。

　また，小学生で産出された同時制ルールから交代制ルールへの発達が見られるかどうかを検討するために，「もの」の要素として遊具の資源量を変化させて，遊具の資源量がルールの産出に及ぼす影響について分析する。ボールが二人に1個しかない場合とボールが二人に2個ある場合を設定し，遊具の量と産出ルールの関連を検討することを第2の目的とする。1個のボールと2個のボールの単純な量的比較により，1個の方を少資源条件，2個の方を多資源条件と命名する。

少資源条件ではボールが1個しかないために，ボールの使用についてのルールが必要になり，それに伴って投球順序についても交代制ルールの産出が要求されている状況だと考えられる。一方多資源条件では，ボールの使用に関してルールを産出する必要性は低く，ルールが産出されないか，もしくは二人で1個ずつボールを持って同時に投げる同時制ルールが産出される可能性が高くなる状況だと考えられる。従って，多資源条件よりも少資源条件において交代制ルールが多く産出されると予想される。

　また，ルールの主導者に関しても少資源条件の方が他者を取り込みやすくルールを提案する行動が多く観察されると予想される。さらに，ルールの産出といざこざの出現との関連を調べる。交代制ルールが関係調整に重要な役割を果たすようであれば，交代制ルールが産出されている場合の方が，いざこざの出現が少ないと予想される。

　研究2で分析するルールは，ボウリングゲームにおいて主要な投球順序に関するルールと副次的なピンを立てる役割についてのルールという二種類とした。藤崎・無藤（1985）は，遊びの形態を一面的にとらえる分析法では遊びの構造をとらえるために不十分であることを指摘した。やはりルールを多側面から分析した方が，その遊びにおけるルールのあり方や二人の関係調整を全体的に把握することが可能になると考えられる。そこで本研究では，投球順序に関するルールとピン立ての順序に関するルールの二種類を分析対象とした。この二種類のルールについて，交代制ルールが産出されるかどうかを，遊具の資源量と年齢との関係で分析する。

【方　法】

対象者：本研究の対象者は，F市内の保育園の5歳児28名（平均年齢5歳8か月），4歳児28名（平均年齢4歳10か月）の計56名だった。

遊具：対象者に与えるゲームとして，市販の子ども用のボウリングゲームセットのピン10本と直径15cmのゴムボール2個が用意された。

手続き：はじめに，対象者は二人組のペアに分けられた。このペアは同性同年齢であり，日常一緒に遊んでいることを教師本人共に認めている子ども同士の二人組であった。

　対象者のペアを，実験を行う教室に入室させた。教室の床には1.5メートル間隔で2本の線がビニールテープでひかれてあった。一方の線はボールを投げる位置を示し，もう一方の線はピンを立てる位置を示していた。

　対象者入室後，実験者がボウリングゲームのルールを説明した。線からボールを投げてピンを倒したらよいということだけを説明した。実験者が実際にピンを立てボールを投げて，ピンを倒しその後ボールを拾い，またピンを立てる動作を行ってみせた。この一連の動作を行いながら，「今から，○○ちゃんと○○ちゃんでボウリングゲームをしてもらいます。最初，ピンをこの線のところに立てます。そして，もう一方の線からボールをピンに向かって投げます。このようにピンがたくさんおれたらよいです。」と教示した。この時のピンの配列は一般のボウリングゲームと同様で10本を三角形に並べる配列だった。二人の投げる順番や役割などについては一切教示しなかった。その後，「このボールとピンを使って，今私がやったようなボウリングゲームをして二人で一緒に遊んで下さい。」と教示した。遊びの途中で対象者から遊び方についての質問があった場合は，実験者は「自由に遊んでいいです。」とだけ告げた。

　本研究では，物的資源の多少により2条件が設定された。ピンは両条件とも10本ずつ用意されたが，ボールの数によって，二人に1個のボールしか用意されない少資源条件と，二人に2個のボールが用意される多資源条件が設定された。各条件は，提示されるボールの数が異なるだけで教示内容は全く同じだった。対象者のペアは，各年齢半数ずつランダムに2条件に振り分けられた。

　実験は7分間とし，実験者がストップウオッチで時間を測定して，7分経過したところで実験を終了した。対象者には遊び時間を明示しなかった。7

分間の様子はビデオカメラで録画された。ビデオカメラは，ボウリングゲームの全体が撮影できるピン側の場所に三脚で設置された。

【結　果】

(1) 投球順序に関するルールの産出と遊具の資源量との関連

　ボウリングゲームにおいて主な行動と考えられる投球順序に関するルールに注目した。ビデオ観察の結果，投球の順序やその規準を事前に言語的に明確に取り決めるようなルールの産出を検出することはできなかった。従って本研究では，二人の投球順序についての行動の規則性が2回以上連続して生じた場合をルールの産出とみなして，二人の行動の分類を行った。その結果，一方の子どもが投球したら次に他方が投球するという交代制ルール，二人が同時に投球する同時制ルール，そして二人の関係に規則性がなくランダムな行動を示すルールなしの3種類が観察された。交代制ルールの中にも多くの種類が見られたが，ここでは，何回ずつの交代でも，また，事前の取り決めが無くても，ピンの配列がどうであっても結果的に二人が交互に投球している形態を取っている場合をすべて交代制ルールとして分類した。

　セッション中一貫して交代制ルールを示すかどうかで各対象者ペアを分類した（Table 3-1）。このデータに基づき2資源条件（多資源・少資源）×2年齢（4歳児・5歳児）の2要因について対数－線形モデルのあてはめによる分析を行った（Everitt, 1977　山内，1980）。その結果，少資源条件の4歳児と5歳児，また多資源条件の5歳児では，交代制ルールありが多く（$u = .448$, $SE = .27$, $p < .10$），交代制ルールなしが少ない（$u = -.448$, $SE = .27$, $p < .10$）が，多資源条件の4歳児では交代制ルールありが少なく（$u = -.448$, $SE = .27$, $p < .10$），交代制ルールなしが多い（$u = .448$, $SE = .27$, $p < .10$）ことが有意な傾向で示された。このことから，少資源条件では，年齢に関わらず一貫して交代制ルールを産出するペアが多いこと，そして多資源条件では年齢差が見られ，5歳児では少資源条件と同様交代制ルールを産出するペアが

Table 3-1 投球順序に関する産出ルール（ペア数）

	4歳児		5歳児	
	少資源	多資源	少資源	多資源
交代制ルールあり	6	1	6	6
交代制ルールなし	1	6	1	1

多いが，4歳児では交代制ルールを産出するペアが少ない傾向にあることが明らかになった。また，多資源条件における4歳児のペアで，一貫して交代制ルールを示さなかったペアのうち4ペアは同時制ルールを示し，残りの2ペアはルールなしだった。

(2)**ピン立ての役割に関するルールの産出と遊具の資源量との関連**

　ボウリングゲームにおいて副次的なルールの産出に資源条件が影響を与えているかどうかを検討するため，ピンを立てる役割を取り上げた。投球順序に関する場合と同様に，ピンを立てる役割について，セッション開始時から規則性が2回以上連続して生じた場合をルールの産出とみなし，この行動を分類した。その結果，二人が交互にピンを立てる交代制ルール，二人が一緒にピンを立てる同時制ルール，一方の子どもがピンを立てる役割をとる役割固定ルールの3種類が観察された。この役割固定ルールは，一方の子どもがピンを立てることに興味を持ち，自分から「僕がピンを立てる人になるね。」や「僕がピンを立ててやるよ。」というように相手に対してピン立ての役割を主張し，相手に受け入れられたものである。一貫して交代制ルールを産出するペアは見られず，同時制と交代制をランダムに行っているペア，最初は同時制ルールだが途中で一方だけがピンを立てる役割を固定的に受け持つように変化するペアが見られた。

　各ペアが示す変化パターンの分類を Table 3-2に示した。Table 3-2のデータに基づき資源条件×年齢×変化パターンの3要因について対数－線形モデルのあてはめによる分析を行った (Everitt, 1977　山内, 1980)。その結果，全

Table 3-2 ピン立てに関する産出ルール（ペア数）

	4歳児		5歳児	
	少資源	多資源	少資源	多資源
交代制⇔同時制	6	3	0	0
同時制	1	4	5	5
同時制⇒役割固定	0	0	2	2

体的に同時制ルールが有意に多かった（$u = .601$, $SE = .244$, $p < .05$）。また，同時制ルールと交代制ルールをランダムに行っているパターンが4歳児で多く（$u = .786$, $SE = .303$, $p < .01$），5歳児では少ない（$u = -.786$, $SE = .303$, $p < .01$）ことが有意に示された。役割固定パターンが4歳児で少なく（$u = -.558$, $SE = .311$, $p < .10$）5歳児で多い（$u = .588$, $SE = .311$, $p < .10$）ことが有意な傾向で示された。

(3) 投球順序に関するルールの主導者

結果(1)の分析で，資源条件によって各年齢で産出される投球順序に関するルールが異なる傾向にあることが示された。それでは，そのルールの主導者にも資源条件が影響を与えているのだろうか。この点を検討するために，ルールの主導者を分析した。前述のように，ルールを言語的に提案することは見られなかった。そこで，交代制ルールを主導的に実行しようとしているかどうかを分析した。

セッション開始時に，第1投球者を決定するまでの行動をビデオ分析した。ボールの分配については，少資源条件ではすべてのペアで，先にボールを取った方が所有して第1投球者となっていた。多資源条件では，すべてのペアで一人が1個ずつボールを所有していた。どのペアでも二人の間で言語的な交渉はなされず，またいざこざが観察されることもなく，スムーズにボールの分配がなされていた。

次に，ボールを分配した後に第1投球者を決定する際の行動方略を分析し

た。その方略は大きく言語化方略と非言語化方略に分類された。少資源条件における言語化方略は，ボールを最初に所有している子どもが「俺が一番よ。」と自己の投球の権利を主張する方略だった。非言語化方略は，言語的交渉を行わず，相手と目配せしたり投げるジェスチャーをして自分が先に投球することを示して交渉したりして，ボールを先に持っている方が投球する方略であった。一方，多資源条件での言語化方略では，「僕からするよ。」という自己投球権利の主張や，「僕からしていい？」という許可の要求や，「○○ちゃんから。」という他者の権利を主張したりなどの言語化が行われた。非言語化方略では，少資源条件と同様に，投球順序に関する言語化は行われず，二人で顔を見合わせたり，一歩前に出たり下がったりしながらジェスチャーで投球順序を調整した。各方略についての年齢別条件別のペア数をTable 3-3に示した。

このペア数のデータに基づき2資源条件（多資源・少資源）×2年齢（4歳児・5歳児）×2方略（言語化・非言語化）の3要因対数－線形モデルのあてはめによる分析を行った（Everitt, 1977 山内, 1980）。その結果，全体的に非言語化方略が有意に多く（$u=.601$, $SE=.211$, $p<.01$），言語化方略が有意に少ない（$u=-.601$, $SE=.211$, $p<.01$）ことが明らかになった。このことから，年齢や条件に関わらず，幼児はジェスチャーや身振りなどの非言語化方略を用いて第一投球者を決定することが示された。

第一投球者はこのように決定されるが，交代制ルールや同時制ルールとして行動が継続されるためには第二投球者以降の決定を主導する必要がある。しかし，第二投球者以降の決定は，上記のような方略が使用されることはな

Table 3-3　第1投球者の決定方略（ペア数）

	4歳児		5歳児	
	少資源	多資源	少資源	多資源
言語化方略	1	1	0	3
非言語化方略	6	6	7	4

かった。なぜならば，ボウリングゲームの場合は，いったん実行者が投球するとボールが投球者の手から放れるため，順番を待っている待機者が投球されたボールを取りに行き，次に投球者となり交代制ルールが実行される。また，同時制ルールも投球した二人が同様にそのボールを取りに行き，また同時に投球することで同時制ルールが実行される。従って，どちらの子どもが次の投球者を決定してそのルールを主導しているのかということを判断することが困難であり，他者を取り込んで関係調整を行っているかを判断することも困難であった。このようなことから，ボウリングゲーム場面では，ルールの主導者に関する分析はうまくいかなかった。

(4)いざこざの出現

　4歳児に比べて5歳児の方が資源条件に関わらず安定して交代制ルールを産出していたことから，安定的に他者との関係調整を行うためには交代制ルールを産出することが必要であると考えられる。しかし，一方で4歳児の同時制ルールは他者との関係調整がうまくいっていないといえるだろうか。その点を検討するために，二人の間のいざこざの出現を検討した。ビデオ分析から，二人が対立していることが明らかに観察されたエピソードを同定して，そのエピソードを分類した。出現したいざこざは，二人でボールを取り合うボールの所有に関するいざこざとボールを投げる順番について言い争う投球順序に関するいざこざの2種類であった。

　各ペアで生じたいざこざのエピソードを分析した結果，4歳児では少資源条件でボールの所有に関するいざこざが2エピソードと多資源条件で投球順序に関するいざこざが2エピソード観察されたが，5歳児ではいざこざは全く観察されなかった。

　この結果から，確かに5歳児にいざこざは見られず関係調整がうまくいくためには交代制ルールの産出が必要だと考えられる。しかし，4歳児でもいざこざがそれほど多いわけではなく，また同時制ルールでも交代制ルールで

も同程度のいざこざの出現であった。このことから，4歳児では遊具が多くある場合は，二人で遊具を同様に所有し同時に実行するという同時制を重視した関係調整を行っており，年齢に応じた関係調整の仕方があることが明らかになった。

【考　察】

　研究2の目的は，遊具を限定してボウリングゲーム場面を設定し，幼児の二者関係におけるルールの産出について検討することだった。投球順序に関するルールの産出の分析により，ボウリングゲーム場面で，交代制ルールや同時制ルールといったルールが産出されることが示された。従って，研究1では分析できなかった幼児のルールの産出の発達について検討することができた。本研究のように，遊具を限定してゲーム場面を設定し，ある程度基本的なルールが決定されていれば，ルールを考える負担が軽減されて，幼児でも他者を取り込んだルールを産出できるといえよう。

　「もの」の要素として遊具の資源量を変化させて，遊具の資源量がルールの産出に及ぼす影響について検討した。少資源条件の方が交代制ルールの産出の必要性が高まる状況であるため，多資源条件よりも少資源条件において交代制ルールが多く産出されると予想された。しかし，産出ルールの分析の結果，資源条件の影響は年齢により異なっていることが明らかになった。4歳児は少資源条件で交代制ルールを産出したが，多資源条件では同時制ルールを産出した。一方5歳児は資源条件には左右されずに少資源条件でも多資源条件でも安定的に交代制ルールを産出した。

　4歳児は物的資源量によりルールの産出が影響を受け，5歳児は資源量によらず交代制ルールを産出するという違いが生じたのはなぜだろうか。交代制ルールが生じるためには，一方が投球する際に他方は投球行動を抑制しなければならないため，抑制能力が必要になる。従来の自己制御に関する研究（柏木，1988）で，幼児期に社会的な自己抑制能力が発達することが示されて

いる。本研究の結果はこの抑制能力の発達的変化を反映しているのではないかと考えられる。

少資源条件はボールが1個しかないため，ボールを所有していない子どもは投球行動を抑制しやすく交代制ルールが生じやすい状況だった。一方多資源条件は二人ともボールを所有できるので投球行動を抑制しにくい状況だった。従って，少資源条件ならば抑制能力の低い4歳児でも投球行動を抑制でき，その結果交代制ルールを産出したが，多資源条件では，抑制能力の高い5歳児にしか投球行動を抑制することができず，5歳児しか交代制ルールを産出しなかったのではないかと考えられる。

また，交代制ルールを産出するということは，自己と他者の投球行動を明確に区別していることを示している。同時制ルールの場合は二人が同時にボールを投げるため，誰がどのピンを何本倒したのかわからない状態である。これに対して交代制ルールの場合は，他者が投球している間，自分は投球しないで待っているため，他者の投球行動やその結果をよく見ることができる。つまり自己の投球行動とその結果を他者のそれと明確に区別し，比較する事にもつながっていくので，同時制ルールよりも交代制ルールの方がレベルの高いルールであるといえよう。従って，多資源条件においても自己の投球行動を抑制して交代制ルールを使用することは，他者の投球行動に注目可能なシステムを作り，ゲームの中により他者を取り込んでいることを示しているのではないだろうか。4歳児と5歳児でのこのような他者の取り込みの違いが，多資源条件での産出ルールの違いに反映されているとも考えられる。

次に，ピン立ての役割という副次的なルールについて検討した結果について考察する。セッション中のルールの変化について興味深い年齢差が見られた。4歳児は5歳児に比べると同時制ルールと交代制ルールにランダムに変化する場合が多い傾向にあり，5歳児は一貫して同時制ルールを産出する場合が多い傾向にあった。つまり5歳児の方が4歳児よりも副次的なルールが安定していることが示された。

その一方で，5歳児は4歳児に比べて，ピン立てをやりたいという一方の子どもだけが続けてピン立ての役割をとる役割固定ルールが多い傾向にあった。5歳児は主な投球順序に関するルールで平等性を保ちながら，副次的ルールでは，他者とは異なる自己の興味を表明し，役割が固定するようなむしろ不平等とも言えるルールを使用することを示している。これらの結果から，4歳から5歳にかけて単に平等なルールが安定するだけでなく，他者との平等関係を維持しながら，一方で自他を区別し各自の興味を生かそうとするような関係調整能力も出現してくることが示唆されよう。

　以上の結果から，4歳児よりも5歳児の方が資源条件に影響されずに安定して交代制ルールを産出することが明らかになった。5歳児では，関係調整がうまくいかないいざこざがまったく観察されなかった。従って，研究1と同様に，うまく仲間と関係調整するために，5歳児にとっては交代制ルールの産出が重要であることが示された。また多資源条件の結果から，小学生と同様に，4歳児から5歳児にかけても同時制ルールから交代制ルールへと発達することが示された。

　しかし，いざこざの出現回数を分析した結果，確かに4歳児の方が5歳児よりもいざこざは多いものの，それほど大きな違いは見られなかった。また，4歳児での交代制ルールの場合と同時制ルールの場合のいざこざの出現回数は同程度であった。従って，4歳児にとって，遊具が多くある場合には二人が同時に遊具を使用し同時に実行することができる同時制ルールが関係調整の一つの形であると考えられる。他者の取り込みや他者の行動への注目が少ない状態であっても，いざこざが少なく相互に楽しめるといった，年齢に応じた関係調整の仕方があるのではないかと考えられる。どのようなものであれ，ルールがあることがいざこざを減らし，うまく関係調整を行うことにつながっていることが示唆される。

　これに加えてルールが他者を配慮した社会的なものであるかどうかは，やはりルールの主導者を分析しないと明らかにならないと考えられる。従って

研究2では，ルールの主導者からの関係調整の分析を試みたが，うまくいかなかった。なぜならボウリングゲームの場合，ルールの言語的取り決めは見られずルールの提案が観察されなかったからである。また，ボールが実行者（投球者）の手から放れるため，待機者がボールを取りに行って交代していた。つまり実行者に交代の意志があったのか，他者配慮的に交代しようとしたのかどうかが不明確で，ルールの主導者を特定することができず分析できなかった。従って，より明確な交代の意志があり主導しないと交代できないような状況での交代制ルールの主導者について次の研究で検討していく。

第4章　交代制ルールの産出と主導者の観点からみた関係調整の発達

第1節　魚釣りゲーム場面における幼児の二者関係の関係調整（研究3）

【目　的】

　研究2では，ボウリングゲーム場面での幼児の二者関係のルールの産出が検討された。その結果，遊具を限定してゲーム場面を設定すれば，幼児でも交代制ルールを産出することが示された。しかし，5歳児であればある程度安定して交代制ルールを産出するが，4歳児はゲームの課題構造に影響されて交代制ルールの産出が不安定であることが明らかになった。ボウリングゲームの少資源条件つまり，二人にボールが1個しかない条件では，4歳児も5歳児も交代制ルールを産出した。一方ボウリングゲームの多資源条件つまり，二人に2個ボールが用意されている条件では，5歳児は交代制ルールを産出したが，4歳児は同時制ルールを産出した。

　幼児期の関係調整の発達を明らかにするためには，このように交代制ルールの産出が不安定な4歳児と安定している5歳児の違いはどこにあるのかをさらに検討する必要がある。交代する物的な資源が多くある場合に二人が同時に行うということは，自己がゲームを実行している際には他者の行動に注目することができないことを示している。つまり，4歳児は，自己と遊具の関係のみに焦点を当てており，ゲームの中に他者を取り込み他者との関係を配慮することが少ないのではないかと考えられる。

　少資源条件では4歳児でも交代制ルールを産出したが，ボウリングゲーム

の場合は，幼児の一人がボールを投げ，もう一方の幼児が投げられたボールを取りに行き，次はその幼児が投げるという交代制ルールが生じていた。つまり，ボールがいったん幼児の手から放れるため，明確な交代の意志や他者との関係調整がなくても交代制ルールが生じやすい課題構造であった。そのためルールの主導者を特定することができず，他者との関係をどのように調整しているのかは分析することができなかった

　そこで本研究では，4歳児と5歳児の違いをさらに明らかにするために，より明確な交代の意志がなければ交代できないような，つまり，使用する遊具が実行の際に幼児の手から放れない課題構造のゲームを設定する。具体的には，魚釣りゲームを採用した。魚釣りゲームは，ゲーム盤に8匹の魚が設置されており，それを竿で釣るゲームである。このゲームでは，交代しようとする時以外は釣り竿が手から放れることはない。従って，子ども二人に釣り竿が一本しかない場合には，その使用に関して他者との関係調整をしなければならない課題構造であるといえる。

　ここでは，どういった規準で交代制ルールが産出されるかが問題となる。魚釣りゲームでは魚が釣れたという事が1つの行動単位であると考えられる。この魚が釣れたという事は観察可能な事象であり，相互に理解しやすい明確な交代制ルールの規準となりうる。一方で，このゲームでは，きっかけとなる明確な行動の規準がなく魚を釣っている途中で適当に交代を行うことも可能である。そこでまず，明確な規準を用いているのかどうかという観点から交代制ルールの規準について分析する。明確な規準がなくても交代はできるが，より他者との関係をうまく調整しようとするならば，予測可能で共有しやすい明確な規準のある交代制ルールを産出するのではないかと考えられる。つまり，5歳児の方が明確な規準を用いることが多いのではないかと予想される。

　また，その交代制ルールはどのように主導されるのだろうか。研究2では，幼児は交代制ルールの産出の際に交代の方法を言語的に話し合うことは非常

に少ないことが示された。従って，二人組のどちらかが交代制ルールの規準を主導的に実行する可能性が高い。そこで，交代のタイミングを計って交代のきっかけを作る子どもを交代の主導者として分析し，より他者を取り込んで他者を配慮したルールの主導が，加齢に伴って増加するのかを検討する。

さらに，明確な規準で交代すれば，相互に交代のタイミングが理解しやすく，交代制ルールの際にいざこざが生じにくくなると考えられる。そこで，交代制ルールの規準のあり方によっていざこざの出現に違いが見られるのかどうかについても検討する。

また，こういった他者と関係調整をする社会的能力は，対人交渉方略の研究の中で女児の方が男児よりも発達が早いことが示されている（山岸，1998；渡部，1993，1995）。従って，交代制ルールにおいても，他者への配慮が関連しているとすれば，女児の方が男児よりも発達が早いという性差が見られるのではないかと考えられる。しかし，従来の研究では交代制ルールの性差については検討されてこなかった。そこで本研究では，交代制ルールにおいても性差が見られるのかどうかを検討することも目的とする。

以上のことから，本研究では，遊具が実行者の手から放れない魚釣りゲームを設定し，交代制ルールの産出とその主導者を中心に4歳児と5歳児の他者との関係調整の発達を検討することを目的とする。具体的には，以下の点を検討する。

(1) 明確な交代の意志がなければ交代できないような魚釣りゲームで，幼児は交代制ルールを産出することができるのかどうかを検討する。また，交代制ルールの規準が年齢や性別で異なるのかどうか，加齢に伴い予測可能で共有しやすい規準に発達するのかを検討する。

(2) 交代制ルールの主導者が年齢や性別で異なるのかどうか，加齢に伴い他者への配慮の大きいルールの主導へと発達するのかを検討する。

(3) 交代制ルールの産出といざこざの出現に関連が見られるのかどうかを検討する。

(4)交代制ルールの産出とゲームにおける行動の時系列的なエピソード分析を行い，幼児の他者との関係調整の様相を明らかにする。

【方　法】

対象者：本研究の対象者は，O市内の保育園と幼稚園の4歳児54名（平均年齢5歳0ヶ月），5歳児50名（平均年齢5歳11ヶ月）の計104名だった。性別内訳は，4歳男児34名（17ペア），4歳女児20名（10ペア），5歳男児22名（11ペア），5歳女児28名（14ペア）だった。

遊具：対象者に与えるゲームとして市販の「ブルブルカプッチョ釣りゲーム」（SEGA　TOYS）を採用した。このゲームは，ゲーム盤に魚をセットし電源を入れるとゲーム盤が回転し，魚の口が開閉するようになっていた。動く魚の口の中に釣り針を差し込んで口が閉じた瞬間に釣り上げるというゲームだった。釣り竿の釣り糸の部分がひも状で揺れるため，幼児にはやや難しいゲームであると考えられた。従って，ゲーム購入時に10cmだった釣り糸を4cmに短く調節して釣りやすくした。魚は赤3匹，黄3匹，青2匹の計8匹だった。ゲーム盤の大きさは，縦34cm×横34cmだった。

手続き：はじめに，対象者は二人組のペアに分けられた。このペアは同性同年齢であり，日常一緒に遊んでいることを教師本人共に認めている子ども同士の二人組であった。

実験は園の大ホールで行われた。大ホールの隅に離して5台のテーブルを用意し，対象者5組に対して同時に実験を行った。小部屋で1組ずつ隔離して実験を行うと対象者の緊張が高まる可能性があるため，大ホールで大勢一度に実験を行い，気楽な雰囲気作りを行った。各テーブルは距離的にも離れており，背中向きとなるように設置されていたので，ゲームに向かっている限りは他のペアの様子は見えなかった。1台のテーブルに，対象者二人を横に隣りあわせで座らせた。釣り竿は二人に1本しか用意されていなかった。

実験者は魚を釣ってみせながら，「このように竿で魚を釣ります。魚を手

で持って釣ったり，釣り糸の部分を持って釣ったりしないで下さい。魚を全部釣ってしまったら，魚をまた戻して遊んでいいです。」と，魚釣りゲームのやり方を対象者に説明した。その後，「これから，お姉ちゃんが終わりと言うまで，二人で一緒に魚釣りゲームで遊んで下さい。」と教示した。遊びの途中で対象者から遊び方についての質問があった場合は，実験者は「自由に遊んでいいです。」とだけ告げた。

　実験は10分間とし，実験者がストップウオッチで時間を測定して10分経過したところで実験を終了した。対象者には，遊び時間は明示しなかった。10分間の様子はビデオカメラで録画された。ビデオカメラは，各テーブルの斜め前2m程度の位置に三脚で設置された。

【結　果】

(1)**交代制ルールの産出**

　魚釣りゲームでの，二人に1本しかない竿の使用に関する交代制ルールについて分析を行った。竿を持って魚を釣っている幼児を実行者，竿を持たずに順番を待っている幼児を待機者とした。ゲームの中で，実行者と待機者が入れ替わった場合を1交代とした。

　一時的に二人で同時に竿を持って釣る場合は観察されたが，継続的に二人で同時に竿を持って釣ることは観察されなかった。つまり同時制ルールと判断されるものはなかった。そこで，二人で同時に竿を持つ場合では，二人で持った時を1交代，どちらかが竿を放してまた一人になった時を1交代としてカウントした。交代が2回以上継続して観察された場合を交代制ルールが産出されているとみなした。ビデオ録画された対象者ペアの行動から，交代とみなされる行動をすべて取り出した。交代の同定に関して，ビデオの行動を筆者と大学生の2名が独立に分析した。2名の一致率は90.0％であり，不一致の場合は，ビデオを何度も見直し協議の上決定した。

　全く交代しなかったペアは，4歳男児，4歳女児，5歳男児に1ペアずつ

の合計3ペアだった。この3ペアでは一人の幼児が10分間釣り続けていた。これらのペアでは，交代制ルールが産出されなかったと判断した。遊具が手から放れない魚釣りゲームでは，実行者が魚を釣っても全く交代しようとせず，待機者も自分の順番を主張することなく交代制ルールが産出されない場合があることが示された。これらのペアで魚釣りが全くできなかった幼児に対しては，実験終了後に，やりたい場合は魚釣りゲームをして遊ばせるように配慮した。

　本研究では，交代制ルールについて分析を行うため，以下の分析からこれらの3ペアは除外した。また，これらのペア以外は，すべて2回以上交代が見られていたため，交代制ルールが産出されたていたとみなした。交代制ルールを産出したペアの年齢別・性別の平均交代回数は，Table 4-1に示されている。本研究のような竿が実行者の手から放れないため交代の意志がないと交代できない魚釣りゲームであっても，4，5歳児はほとんどのペアで交代制ルールを産出できることが明らかになった。

　次に，交代制ルールがどのように産出されているかを明らかにするために，交代制ルールの規準を検討した。ゲーム開始の際に事前に，この場合に交代するというようなルールを言語的に取り決めていたペアはなかった。すべての交代が出現した場面を個別の単位として，その直前の様子を分析対象とした。

　竿の使用に関するすべての交代を分析した結果，魚が釣れていないのに交代する規準なしのものは全体的に少なく，魚が釣れた事を規準としている場合が多かった。しかし，何匹釣れたかという点ではいくつかの規準の種類が

Table 4-1　年齢別・性別の平均交代回数

4歳児		5歳児	
男児	女児	男児	女児
7.8(6.5)	11.3(9.8)	10.4(7.2)	16.2(5.9)

注：（　）内の数値は標準偏差。

見られた。そこで，交代制ルールをその規準に基づき次のように分類した。魚が1匹釣れた時に交代する規準を「1匹交代」とした。魚が8匹全部釣れた時に交代する規準を「全部交代」とした。魚が数匹釣れたところで交代する規準を「数匹交代」とした。この数匹交代は，2匹から7匹釣れたら交代しているものを含めたが，ほとんどが2～3匹釣って交代しており，6～7匹で交代しているものはなかった。魚が釣れていないが交代する場合を「規準なし」とした。8匹の魚を全部釣り終わり魚をゲーム盤にもどして再度釣り始める場合と，最初は何らかの規準があったとしても竿の取り合いが生じて何度か取り合いを繰り返した結果交代し，上記の分類に当てはまらない場合を「その他」として分類した。以上の分類以外に，5歳児の1ペアで「10数えたら交代」という規準が2回見られた。これは明確な規準だが数が少なかったため「その他」に分類した。

どの交代の場合もあらかじめ言語的に取り決められていたわけではなかった。数ペアでゲーム開始時に釣り竿の取り合いが見られたが，ほとんどのペアでどちらかの子どもが先に釣り竿に手を伸ばし，特に相互交渉なくそのまま釣り始めることが多かった。交代の規準の同定に関して，ビデオの行動を筆者と大学生の2名が独立に分析した。2名の一致率は88.4%であり，不一致の場合は，ビデオを何度も見直し協議の上決定した。

各ペアの10分間の総交代回数のうち，それぞれの規準を用いて交代した回数の割合を算出した。各規準の1ペアあたりの年齢別・性別の平均出現割合を Table 4-2に示した。このデータを角変換し，ルールの種類ごとに，2年齢（4歳児・5歳児）×2性別（男児・女児）の2要因の分散分析を行った。

その結果，1匹交代で，年齢の主効果が有意で（$F(1,45) = 6.61$, $p < .05$），性別の主効果が有意な傾向で（$F(1,45) = 3.25$, $p < .10$），年齢と性別の交互作用が有意だった（$F(1,45) = 4.06$, $p < .05$）。単純主効果の検定の結果，女児の4歳児と5歳児の間に有意差が見られ（$p < .05$），5歳児の男児と女児の間に有意差が見られた（$p < .05$）。つまり，一匹交代は4歳児よりも5歳児で多く，

Table 4-2　年齢別・性別の交代制ルールの規準

規準	4歳児		5歳児	
	男児	女児	男児	女児
一匹交代	26.1(26.2)	28.9(34.8)	33.8(30.3)	65.2(26.6)
全部交代	19.3(34.9)	17.6(33.5)	10.0(31.6)	2.4(8.9)
数匹交代	18.2(31.8)	5.4(7.8)	21.6(34.4)	11.0(15.9)
規準なし	28.2(24.3)	23.9(27.7)	26.2(17.8)	11.8(14.5)
その他	7.3(17.4)	24.2(35.9)	8.3(10.3)	9.6(12.6)

注1：数値は各タイプの1ペアあたりの平均出現割合を示す。
注2：（　）内は標準偏差。

男児よりも女児で多い傾向にあることが示された。特に5歳児では男児と女児の間に有意差が見られ，一匹交代は5歳女児で多いことが明らかになった。

　また，有意差は見られないものの，全部交代は5歳児よりも4歳児に多く見られた。この全部交代は，全部釣って交代するので一人が釣る時間が長くなり総交代回数が少なく，そのため全部交代の出現割合は多くなる。しかし，実際の数は5歳児ではほとんど見られず，どちらかといえば4歳児に見られた。5歳児では全部交代だけを用いていたペアはなかったが，4歳児ではこの全部交代だけで交代しているペアが4ペアあった。さらに，数匹交代は規準が不明確であり，これはどちらかといえば，女児よりも男児に多い様子が示された。規準なしの交代については，年齢差も性差も見られなかった。

　以上のことから，明確な交代の意志がなければ交代できないような魚釣りゲームで，幼児は交代制ルールを産出できることが示された。交代制ルールの規準には年齢差と性差が見られ，1匹交代は4歳児よりも5歳児で多く，また特に5歳女児で多いことが明らかになった。予測可能で共有しやすい明確な規準のある交代制ルールが4歳から5歳にかけて発達し，女児の方が発達が早いことが示された。

(2)交代制ルールの主導者

　次に，交代のタイミングを計って交代のきっかけを作る子どもを交代の主導者として，実行者と待機者のどちらから交代を行おうとするのかを分析した。交代が生じる直前の様子をビデオで分析し，次のように分類した。実行者の方から待機者に竿を渡したり机の上に置くなど竿を手放す場合を「実行者主導調整」とし，実行者が竿を渡す前に待機者が言葉で要求したり手で竿を奪ったりする場合を「待機者主導調整」とした。これら以外の交代を「その他」として分類した。「その他」の項目の中には，竿を渡す行動と受け取る行動がほぼ同時で実行者と待機者のどちらが先に行動を起こしたか判別できない場合，8匹の魚を全部釣り終わり魚をゲーム盤にもどして再度釣り始める場合，待機者が竿を取ろうとするが実行者が抵抗していざこざが生じる場合や，二人で竿を持つ場合や，二人で竿を持った後どちらかが竿を手放して一方の幼児が持つ場合の交代が含まれていた。交代の主導者の同定に関して，ビデオの行動を筆者と大学生の2名が独立に分析した。2名の一致率は93.3%であり，不一致の場合は，ビデオを何度も見直し協議の上決定した。

　各ペアの10分間の総交代回数のうち，それぞれの主導者によって交代した回数の割合を算出した。各主導者の年齢別・性別の1ペアあたりの平均出現割合をTable 4-3に示した。Table 4-3より，どの年齢別・性別とも待機者主導調整が最も多いことが明らかになった。このことから，遊具が実行者の手から放れない魚釣りゲームでは，順番を待っている待機者の方が主導で他者との関係調整をする場合が多いことが示された。

　さらに各年齢別・性別で主導者の出現の仕方が異なるかどうかを検討するために，Table 4-3のデータを角変換し，主導者の分類ごとに，2年齢（4歳児・5歳児）×2性別（男児・女児）の2要因の分散分析を行った。その結果，実行者主導調整で，年齢と性別の交互作用に有意な傾向が見られた（$F(1,45)=2.98, p<.10$）。

　つまり，4歳児では実行者主導調整の割合は男女で大きな違いは見られな

Table 4-3　年齢別・性別の交代制ルールの主導者

主導者	4歳児		5歳児	
	男児	女児	男児	女児
実行者主導	28.9(27.8)	21.7(20.8)	16.3(20.9)	34.9(24.3)
待機者主導	54.8(35.8)	55.1(40.3)	69.3(28.6)	52.0(24.4)
その他	16.4(24.9)	23.2(20.8)	14.5(32.0)	12.0(18.9)

注1：数値は各タイプの1ペアあたりの平均出現割合を示す。
注2：（　）内は標準偏差。

いが，5歳児では実行者主導調整は男児よりも女児の方が多く，男女差が大きくなる傾向が示された。5歳女児は，竿を持っている実行者の方から相手に竿を渡すという実行者主導調整を多く行う傾向にあることが明らかになった。

(3)**交代制ルールの規準と主導者との関連**

結果の(1)と(2)より，交代規準と主導者のそれぞれで年齢差及び性差が示されたが，規準のあり方と主導者に関連は見られるのだろうか。ここでは，出現割合の多かった1匹交代と明確な規準がないと考えられる規準なしについてその関連を検討した。

年齢別・性別に，1匹交代と規準なしにおける実行者主導と待機者主導とその他の交代の割合を算出し Table 4-4に示した。Table 4-4より，女児では，実行者主導調整は1匹交代で多く，待機者主導調整は規準なしで多かった。一方，男児では，実行者主導調整は規準による違いがほとんど見られず，待機者主導調整でも大きな違いは見られないがやや1匹交代で多いことが明らかになった。

女児の場合は，実行者の方が，自分が釣ったら相手に竿を渡して交代を主導し，1匹交代という規準は実行者によって主導される場合が男児よりも多いことが示された。また，規準なしはほとんどが待機者主導で行われていることも示された。男児の場合は，待機者がほとんどの交代の規準を主導して

Table 4-4　年齢別・性別の交代制ルールの規準と主導者の関連

主導者	4歳児				5歳児			
	男児		女児		男児		女児	
	1匹交代	規準なし	1匹交代	規準なし	1匹交代	規準なし	1匹交代	規準なし
実行者主導	16.3	18.8	29.7	18.8	17.0	12.5	44.1	7.1
待機者主導	76.9	64.6	67.6	81.3	80.9	71.9	54.7	71.4
その他	6.9	16.7	2.7	0	2.1	15.1	1.2	21.4

注：数値は各規準の全交代回数のうちの各主導者に分類された割合（％）を示す。

おり，1匹交代という規準は待機者によって主導されていることが示された。

(4)交代制ルールの規準といざこざの出現との関連

　交代制ルールの規準によっていざこざの出現に違いが見られるのだろうか。この点を検討するために，まず，すべてのペアで，二人の間でいざこざが生じている場面をビデオから抽出した。ゲームの流れを止めてしまうような激しい竿の取り合いは見られなかった。従ってここでは，竿の取り合いに加え，実行者が魚を釣っている間に待機者がなんらかの行動を示して，実行者が不快感を表した場合もいざこざの出現として抽出した。

　例えば，まだ実行者が魚を釣っていないのに待機者が竿を取ろうとして生じるいざこざや，実行者が魚を釣ったにも関わらずさらに釣ろうとしたために，待機者がそれを阻止して竿を取ろうとして生じるいざこざがあった。また，実行者が早く魚を釣ることができるように，待機者が動いている釣り場のスイッチを切って止めたり，魚を釣れやすく支えてあげたりした場合，実行者がそれを嫌がって生じるいざこざもあった。しかし，待機者が言語だけで「貸して。」など要求する場合はいざこざには含めなかった。いざこざの同定に関して，ビデオの行動を筆者と大学生の2名が独立に分析した。2名の一致率は82.1％であり，不一致の場合は，ビデオを何度も見直し協議の上決定した。

次に，交代制ルールの規準のあり方によっていざこざの出現回数が異なるかどうかを比較するために，ここでも出現割合の高かった1匹交代と明確な規準がないと考えられる規準なしについて分析した。各ペアの交代の中の1匹交代の割合を算出した。各年齢別・性別の4群ごとで，ペアの1匹交代の出現割合の中央値を求め，それを規準に1匹交代の出現割合が高い半数のペアを1匹交代高群，低い半数のペアを1匹交代低群として分けた。奇数ペアの4歳女児では中央値のペアについては数値が近い方の群に分類した。また，規準なしについても各ペアの交代制ルールの中の規準なしの割合を算出し，同様に規準なし高群と低群に分類した。

それぞれのいざこざ出現数について開平変換（$\sqrt{x+0.5}$）を行い，規準ごとに2年齢（4歳児・5歳児）×2性別（男児・女児）×2規準群（高群・低群）の3要因の分散分析を行った。その結果，規準なしで規準群の主効果が有意だった（$F(1,41)=6.31$, $p<.05$）。つまり，どの年齢別・性別のペアでも，規準なしの交代が多いペアは少ないペアよりもいざこざが多いことが明らかになった。また，年齢差は見られなかったが，性別の主効果に有意な傾向が見られ，女児よりも男児にいざこざが多い傾向が示された（$F(1,41)=3.09$, $p<.10$）。各年齢別・性別・規準群別の平均いざこざ出現数は Table 4-5 に示されている。

以上の結果から，規準がない交代の多いペアではいざこざが多くなるため，うまく関係調整を行うためには規準が明確な交代制ルールを産出することが

Table 4-5　年齢別・性別・規準群別の平均いざこざ出現数

	4歳児		5歳児	
	男児	女児	男児	女児
1匹交代高群	2.0(1.1)	2.0(0.5)	1.9(0.8)	2.0(1.1)
1匹交代低群	3.1(1.3)	2.2(0.8)	2.8(0.8)	1.5(0.9)
規準なし高群	3.3(1.4)	2.3(5.1)	2.3(1.6)	2.3(5.3)
規準なし低群	1.8(0.9)	1.9(2.1)	2.4(6.6)	1.2(2.2)

注：（　）内は標準偏差。

(5)交代制ルールの規準別のエピソード分析

　以上の結果から，交代制ルールの規準が年齢及び性別で異なっており，いざこざの出現とも部分的に関連があることが示された。そこで，いざこざが多く見られた「規準なし」を行っていた4歳児のペアの事例をとりあげ，関係調整の特徴的な流れをエピソードとして分析する。また，全体的な出現数は少なかったが4歳児で特徴的に見られた「全部交代」と5歳男児に見られた「数匹交代」についても，それぞれ事例をとりあげ，関係調整の流れのエピソードを以下に示した。

　事例(1)は4歳男児のペアで，規準なしの交代を行っており，いざこざが多いペアである。まず，E男が釣り竿を持って釣り始めた。E男が2匹釣ったところで，F男が釣り竿を取り釣り始めた。これは，待機者主導交代である。次に，F男は1匹釣ったら自分からE男に釣り竿を渡し，実行者主導交代が生じた。その後，E男が釣り始めると，F男は「貸して。」と言いながらしきりに釣り竿の方に手を伸ばし，釣り竿を奪おうとした。そのたびにE男はその手を払いのけた。E男は1匹釣るがなかなかF男に渡さなかった。F男が何度も「貸して。」と言いE男から釣り竿を奪った。F男が釣り始めると，E男はF男がまだ魚を釣っていないにも関わらず釣り竿を奪って釣り始めた。

　このように，この後は，魚が釣れていないのに釣り竿を奪うという規準なしの交代を相互に続けた。その間に，「貸して。」と言って手を伸ばすがそれに対して「待って。」と言って手を払いのけるといういざこざが何度も見られた。この事例から，規準なしでは，魚が釣れようが釣れまいが関係なく，少し釣ったらすぐに奪うという行動になっていることが示された。従って，いつ交代するかという規準がないため，相手の行動を予測できず，竿の奪い合いといういざこざが生じ関係調整がうまくいかなくなっていた。

　事例(2)は4歳男児のペアで，10分間すべて全部交代の規準で交代を行った

ペアである。まず，G男が釣り竿を持って釣り始めた。特に交渉はなく，先にG男が釣り竿に手を伸ばして取った。H男はそれを笑顔で見ていた。G男は釣れるたびに「釣れた。」と言いながら8匹釣った。H男はその間，特に何もしなかった。8匹釣り終わるとG男は「全部釣れた。」と言って，魚を元に戻した。H男も一緒に魚を戻した。G男は，そのままた釣り始めた。これに対してH男は，釣り竿に手をかけようとして「えっ。」と言った。「もう1回するん？」と聞くが，笑顔でG男のことを見ていた。結局G男がまた釣り始め，8匹釣ってしまった。その間H男は要求を示すことはなかった。8匹釣り終わった後，G男がH男に自分から「はい。」と言って釣り竿を渡した。今度はH男が8匹釣り終わって後，自分からG男に釣り竿を渡して交代した。

　この事例から，全部交代では，釣り竿を最初に持った者が主導権を握っており，その子が釣り続ける限り交代はしない様子が示された。待機者は，途中で異議を唱えようとするもののあまり強い要求は示さず，じっと待つという行動をとっていた。関係調整がうまくいっていないとは言えないが，二人の待ち時間が非常に長くなっていた。

　事例(3)は5歳男児のペアで，数匹交代の規準で交代を行っていたペアである。まず，I男が釣り竿を持って釣り始めた。特に交渉はなく，先にI男が釣り竿に手を伸ばして取った。I男がなかなか釣れないがJ男は手を出さずに，「まだかー？」「いつ終わるんかー？」と聞きながら待っている。I男は結局4匹釣ったところで自分から「はい，じゃあ次。」といってJ男に釣り竿を渡した。J男は驚いたように「えっ，僕？」といいながら受け取って釣り始めた。J男が2匹釣ったところでI男が「次，僕やー。」と言ったため，J男は釣り竿を渡した。次には，I男は3匹釣ったところで「もう終わり。」と言ってJ男に釣り竿を渡した。I男が中心となって交代していたが，魚を何匹釣ったら交代かということがそのつど設定されていた。J男はそれに素直に従っていたのでいざこざはほとんど見られなかった。

この事例から，数匹交代では，2匹釣れたら3匹釣れたらというような規則正しい交代ではなく，そのつど2～3匹で適当に交代しており，結果的に不平等な交代になっているという特徴が示された。魚が釣れて交代するという点では交代の規準は明確であるが，何匹釣れたら交代するかは不明確であり，お互いに予測しにくいものであることが示された。

【考　察】

研究3の目的は，遊具が実行者の手から放れない魚釣りゲームを設定し，交代制ルールの産出とその主導者を中心に4歳児と5歳児の他者との関係調整の発達を検討することであった。

まず，交代制ルールの産出について分析した結果，交代制ルールを産出しなかったペアは3ペアのみであり，4歳児も5歳児も魚釣りのように明確な交代の意志が必要なゲームであっても，全体的には交代制ルールを産出することができることが明らかになった。

また，交代の規準を分析した結果，規準なしの交代は全体的に少なく，年齢差や性差は見られなかった。しかし，交代制ルールの産出といざこざの出現に関連が見られるのかどうかを検討した結果，規準なしの交代制ルールを産出しているペアでは，いざこざが多く出現していることが示された。また，4歳男児の事例からも，規準なしでは，他者の行動の1単位を無視して交代を要求しているために，いざこざが多く生じることが示された。従って，研究1，2と同様に，研究3でも，うまく仲間と関係調整するためには，明確な規準のある交代制ルールの産出が重要であることが示唆される。

全体的には，4歳児も5歳児も魚が釣れたという明確な規準を用いていることが明らかになった。4歳児であっても，魚が釣れたという観察可能な規準で他者との関係調整をしようとしているといえよう。しかし，交代制ルールの規準には年齢差と性差が見られ，1匹交代は4歳児よりも5歳児で多く，また特に5歳女児で多いことが明らかになった。4歳児と5歳男児は，1匹

交代の他に全部交代や数匹交代などを産出していた。このことから，予測可能で共有しやすい明確な規準のある交代制ルールの産出が4歳から5歳にかけて発達し，特に女児の方が発達が早いことが示された。

次に，交代のきっかけを作る子どもをルールの主導者として，より他者を取り込んだ他者への配慮の大きいルールの主導が，加齢に伴って増加するのかを検討した。主導者の分析の結果，4歳児5歳児とも全体的には待機者主導調整を行い，自分の順番を主張しながら関係調整を行っていることが示された。主導者についても特徴的な傾向は，5歳女児に見られた。5歳女児は実行者主導調整を行うことが多い傾向にあることが示された。実行者主導調整では，自分が遊具を持っている際に自分から他者に代わってあげようという自発的な他者への配慮を行っていると考えられる。

5歳女児は1匹交代という規準が明確なルールを産出し，実行者主導調整をすることが多いことが示された。これは何を意味しているのだろうか。1匹交代でも全部交代や数匹交代でも魚が釣れたことを規準にしているので，明確な規準であり他者と共有しやすく，他者を考慮している程度はどの群も同等であると考えられる。確かに，事前に「1匹釣れたら交代する。」や「全部釣れたら交代する。」と言ってお互いに言語的に申し合わせている場合は，1匹でも全部でも相手の予測しやすさは同程度だと考えられる。しかし，幼児の場合は事前に申し合わせは行っていない。従って，1匹交代の方が待ち時間が少なくすぐに次の順番が回ってくるためにお互いの次の順番を予測しやすい交代であると考えられる。

また，5歳女児は実行者主導調整が多い傾向にあり，規準と主導者の関係の分析から，5歳女児は実行者主導で1匹交代を行っていることが示された。実行者主導調整では，自分が釣っている順番であっても自分から他者に代わってあげようという自発的な他者への配慮を行っていると考えられる。これらの結果から，他者へ自発的な配慮を行い，他者と共有しやすく予測可能性が高い明確な規準の交代制ルールを産出して関係調整を行う能力には性差が

見られ，女児の方が早く発達する傾向が示唆される。

これは，従来の研究（山岸，1998；渡部，1993，1995）で示された，女児の方が男児よりも対人交渉方略が早く発達し，他者を配慮した方略を使用するという知見と一致する結果である。従来の交代制ルールの研究では，年齢差から4歳児の交代制ルールの不安定さが示されたのみであったが，本研究のように交代制ルールの際の主導者も同時に分析することで，交代制ルールの発達には性差が見られることが明らかになった。そしてこのような交代制ルールの性差は，5歳児で大きくなることが示された。

最後に，幼児に特徴的な事例を取り上げ，交代制ルールの産出とゲームにおける行動の時系列的なエピソード分析を行い，幼児の他者との関係調整の様相について検討した。その結果，数は少ないものの4歳児に見られた全部交代では，竿を最初に持った者が主導権を握っており，その子が釣り続ける限りは交代がなされないという様子が示された。

これは，4歳児はゲームに他者を取り込む力が弱いことを反映していると考えられる。ボウリングゲームでは4歳児は多資源条件で同時制ルールを産出しており，4歳児は相手が投げる時に自分が投げないでいるという抑制能力が弱いのではないかと考察された。しかし，この全部交代では，相手が8匹釣るまで待っていなければならないためむしろ抑制能力が高くなければならない。全部交代を行い，長時間待っていられる4歳児の抑制能力は必ずしも弱いとはいえないのである。それよりも，全部交代では，一人の子どもがゲームを終えてから次の子どもに交代するということで，自己とゲームの関係が重視されており，ゲームの中に他者を取り込んでいないのではないかと考えられる。これに対して，5歳児の1匹交代は，1つのゲームの中に他者を取り込んでルールを共有していると考えられる。このように，4歳から5歳にかけてゲームに他者を取り込む能力が発達することが示唆される。

また，数匹交代では，2匹で交代したり3匹で交代したりとそのつど規準が変化しており，また，一方の子どもが多く釣るという不平等な交代になっ

ているという特徴が示された。この交代制ルールは，子ども同士の力関係によって影響されている可能性がある。有意差は見られなかったがこの交代は男児によく見られており，男児の場合は自己主張の強い子どもは多く実行し，弱い子どもは抵抗できずにそれに従うという不平等な関係が生じやすいのかもしれない。このことが，5歳男児と5歳女児の交代制ルールの違いを大きくしているのではないかと考えられる。

　柏木（1988）の研究からも，自己主張が強く自己抑制が弱いタイプは男児に多く，自己主張が弱く自己抑制が強いタイプは女児に多いという自己調整の性差が示されている。従って，相手が釣れるまで待って相手との関係を調整する自己抑制能力や相手が不当に多く釣り続けている場合に自分の順番を主張する自己主張能力の発達が交代制ルールの産出に関係している可能性がある。また，自己主張性の強いタイプと自己主張性の弱いタイプの格差が男児に大きい可能性も考えられる。今後は，自己主張・抑制能力との関連を直接的に検討していくことが必要だろう。

第2節　魚釣りゲーム場面における幼児の三者関係の関係調整（研究4）

【目　的】

　研究3で，魚釣りゲーム場面での幼児の二者関係のルールの産出が検討された。その結果，明確な交代の意志がなければ交代できないような，つまり遊具が実行者の手から放れない魚釣りゲーム場面であっても，4歳児も5歳児も全体的には交代制ルールを産出することができることが示された。しかし，交代制ルールの規準と主導者を分析した結果，年齢差と性差が明らかになった。魚を1匹釣ったら交代するという規準が明確なルールは4歳児よりも5歳児で多く産出された。4歳児は5歳児に比べると，魚を全部釣ってから交代するルールを産出したり，規準のない交代をしたりしていた。

この結果から，4歳児は5歳児と比べると交代制ルールの産出が不安定であり，他者との関係調整が未熟であることが示された。4歳児は，全部交代ではゲーム盤にある魚を全部釣ってしまって交代していたが，それは，一人でゲームを一通り終えて次の人に交代というルールで，自分とゲームとの関係を重視しており，ゲームに他者を取り込んでいないのではないかと考えられる。

また，性差に関しては，一匹交代という規準のルールは5歳女児に多く産出されるという結果が得られた。交代制ルールの主導者に関する分析でも5歳女児に特徴が見られ，竿を持っている実行者から交代しようとする実行者主導調整が5歳女児で多く見られた。この結果から，5歳女児はゲームに他者を取り込んで交代制ルールの明確な規準を設定しており，他者を配慮しながら交代制ルールを主導していると考えられる。

つまり，ゲームへの他者の取り込みや他者へ配慮したルールの主導の発達に年齢差や性差が見られることが示された。そこで以上のような研究3で得られた年齢差や性差について，さらに検討する必要があると考えられる。

ゲームへの他者の取り込みや他者への配慮の違いをさらに明らかにするために，本研究では，「ひと」の要素として仲間の人数を変化させた幼児を三人組にするという状況を設定する。研究2と3のような二人組の場合であれば，ゲームをする実行者とゲームをしていない待機者しかいないため，今ゲームを行っている実行者の次は，待機している子どもの順番であることが認識しやすい状況であるといえる。それに対して三人組では，一人の実行者と二人の待機者という関係になり，待機者二人のうちどちらが次の順番であるかがとらえにくい状況である。従って，より全体的に他者を取り込んで交代制ルールを産出したり，他者を配慮した交代制ルールを主導したりする必要がある。また，当然待機時間も長くなり抑制的な能力がより必要になる状況である。三人組での交代制ルールの産出とその主導者のあり方には従来の二人組の研究よりも明確に4歳児と5歳児という年齢差，また性差が見られる

と予想される。従って，本研究では三人組の交代制ルールの年齢差や性差がどのような側面に見られるかを明らかにしていく。

以上のことから，本研究では，三者関係における幼児の交代制ルールの産出とその主導者を中心に，4歳児と5歳児の他者との関係調整の年齢差と性差を検討することを目的とする。具体的には，以下の点を検討する。

(1)三人組の魚釣りゲームで，交代制ルールの規準が年齢や性別で異なるのかどうか，加齢に伴い予測可能で共有しやすい規準に発達するのかを検討する。

(2)交代の主導者が年齢や性別で異なるのかどうか，加齢に伴い他者への配慮の大きい主導へと発達するのかを検討する。

(3)交代制ルールの産出といざこざの出現に関連が見られるのかどうかを検討する。

(4)三者関係において見られる他者との関係調整に関わる言動についても分析する。また，三者関係においては交代制ルールが産出されても，三人の中で実行について偏りが出る可能性がある。従って，実行回数の偏りについても検討する。

【方　法】

対象者：本研究の対象者は，O市内の保育園と幼稚園の4歳児99名（平均年齢5歳5ヶ月），5歳児99名（平均年齢6歳5ヶ月）の計198名だった。性別内訳は，4歳男児54名（18グループ），4歳女児45名（15グループ），5歳男児51名（17グループ），5歳女児48名（16グループ）だった。

遊具：対象者に与えるゲームとして，研究3と同様の市販の「ブルブルカプッチョ釣りゲーム」（SEGA　TOYS）を採用した。このゲームは，ゲーム盤に魚をセットし電源を入れるとゲーム盤が回転し，魚の口が開閉するようになっていた。動く魚の口の中に釣り針を差し込んで口が閉じた瞬間に釣り上げるというゲームだった。釣り竿の釣り糸の部分がひも状で揺れるため，

幼児にはやや難しい課題であると考えられた。従って，ゲーム購入時に10cmだった釣り糸を4cmに短く調節して釣りやすくした。魚は赤3匹，黄3匹，青2匹の計8匹だった。ゲーム盤の大きさは，縦34cm×横34cmだった。

　手続き：はじめに，対象者は三人組のグループに分けられた。このグループは同性同年齢であり，日常一緒に遊んでいることを教師本人共に認めている子ども同士の三人組であった。

　実験は園の大ホールで行われた。大ホールの隅に離して5台のテーブルを用意し，対象者5組に対して同時に実験を行った。小部屋で1組ずつ隔離して実験を行うと対象者の緊張が高まる可能性があるため，大ホールで大勢一度に実験を行い，気楽な雰囲気作りを行った。各テーブルは距離的にも離れており，背中向きとなるように設置されていたので，ゲームに向かっている限りは他のグループの様子は見えなかった。1台のテーブルに，対象者三人を横に隣りあわせで座らせた。釣り竿は，三人に1本しか用意されていなかった。

　実験者は魚を釣ってみせながら，「このように竿で魚を釣ります。魚を手で持って釣ったり，釣り糸の部分を持って釣ったりしないで下さい。魚を全部釣ってしまったら，魚をまた戻して遊んでいいです。」と，魚釣りゲームのやり方を対象者に説明した。その後，「これから，お姉ちゃんが終わりと言うまで，三人で一緒に魚釣りゲームで遊んで下さい。」と教示した。遊びの途中で対象者から遊び方についての質問があった場合は，実験者は「自由に遊んでいいです。」とだけ告げた。

　実験は10分間とし，実験者がストップウオッチで時間を測定して10分経過したところで実験を終了した。対象者には，遊び時間は明示しなかった。10分間の様子はビデオカメラで録画された。ビデオカメラは，各テーブルの斜め前2m程度の位置に三脚で設置された。

【結　果】

(1)交代制ルールの産出

　魚釣りゲームでの，三人に１本しかない竿の使用に関する交代制ルールについて分析を行った。竿を持って魚を釣っている幼児を実行者，竿を持たずに順番を待っている幼児を待機者とした。ゲームの中で，竿が他の幼児にわたった場合を１交代とした。一時的に二人で同時に竿を持って釣る場合は観察されたが，継続的に二人以上で同時に竿を持って釣ることは観察されなかった。つまり，同時制ルールと判断されるものはなかった。そこで，二人で同時に竿を持つ場合では，二人で持った時を１交代，どちらかが竿を放してまた一人になった時を１交代としてカウントした。ビデオ録画された対象者のグループの行動から，交代とみなされる行動をすべて取り出した。交代の同定に関して，ビデオの行動を筆者と大学生の２名が独立に分析した。２名の一致率は97.5％であり，不一致の場合はビデオを何度も見直し協議の上決定した。

　全く交代しなかったグループは，３グループで，すべて５歳男児だった。この３グループでは一人の幼児が10分間釣り続けていた。これらのグループでは交代制ルールが産出されなかったと判断した。研究３の二人組の場合でも交代制ルールが産出されなかったペアは３ペアだったので，三人組になったからといって交代制ルールの産出が減少するわけではないことが示された。

　しかし，二人組の場合は，交代制ルールが産出されないペアは４歳男児１ペア，４歳女児１ペア，５歳男児１ペアだったが，三人組ではすべて５歳男児だった点は異なっている。三人組になると４歳児の方が交代制ルールの産出が困難になるというわけでもなかった。

　これらのグループで魚釣りが全くできなかった幼児に対しては，実験終了後にやりたい場合は，魚釣りゲームをして遊ばせるように配慮した。

　本研究では，交代制ルールについて分析を行うため，以下の分析からこれらの３グループは除外した。また，これらのグループ以外は，すべて２回以

上交代が見られていたため，交代制ルールが産出されていたとみなした。交代制ルールを産出したグループの年齢別・性別の平均交代回数は Table 4-6 に示されている。

交代制ルールがどのように産出されているかを明らかにするために，交代制ルールの規準を検討した。すべての交代が出現した場面を個別の単位として，その直前の様子を分析対象とした。竿の使用に関するすべての交代を分析した結果，研究3と同様の規準でルールを分類することができた。交代制ルールを研究3の規準に基づき次のように分類した。魚が1匹釣れた時に交代する規準を「1匹交代」とした。魚が8匹全部釣れた時に交代する規準を「全部交代」とした。魚が数匹釣れたところで交代する規準を「数匹交代」とした。この数匹交代は，2匹から7匹釣れたら交代しているものを含めた。魚が釣れていないが交代する場合を「規準なし」とした。

これら以外を「その他」として分類した。「その他」の中には，8匹の魚を全部釣り終わり魚をゲーム盤にもどして再度釣り始める場合，最初は何らかの規準があったとしても竿の取り合いが生じて何度か取り合いを繰り返した結果交代した場合，ジャンケンをしたり数を数えたりする場合，待機者の一人の子どもが実行者から竿を取りそれをもう一人の待機者に渡すものなどが含まれていた。交代の規準の同定に関して，ビデオの行動を筆者と大学生の2名が独立に分析した。2名の一致率は96.1%であり，不一致の場合は，ビデオを何度も見直し協議の上決定した。

各ペアの10分間の総交代回数のうち，それぞれの規準を用いて交代した回数の割合を算出した。各規準の1グループあたりの年齢別・性別の平均出現

Table 4-6　年齢別・性別の平均交代回数

4歳児		5歳児	
男児	女児	男児	女児
7.7(7.4)	13.3(8.9)	9.6(8.9)	15.9(6.5)

注：（　）内の数値は標準偏差．

Table 4-7　年齢別・性別の交代制ルールの規準

規準	4歳児		5歳児	
	男児	女児	男児	女児
1匹交代	33.7(32.9)	39.0(34.0)	39.9(35.9)	72.4(27.9)
全部交代	32.6(44.8)	14.8(35.1)	28.6(46.9)	6.3(25.0)
数匹交代	10.8(18.6)	22.0(31.7)	6.5(17.1)	4.1(9.3)
規準なし	19.9(23.9)	19.6(20.2)	18.5(21.7)	11.1(13.6)
その他	3.0(6.6)	3.7(4.9)	5.8(8.6)	6.2(5.4)

注1：数値は各タイプの1グループあたりの平均出現割合を示す。
注2：（　）内は標準偏差。

割合を Table 4-7 に示した。このデータを角変換し，規準の種類ごとに，2年齢（4歳児・5歳児）×2性別（男児・女児）の2要因の分散分析を行った。

　その結果，1匹交代において，年齢の主効果（$F(1,59)=4.73, p<.05$）と性別の主効果（$F(1,59)=4.26, p<.05$）が有意だった。つまり，1匹交代は，4歳児よりも5歳児で多く，男児よりも女児で多いことが示された。また，全部交代では性別の主効果が有意だった（$F(1,59)=4.24, p<.05$）。つまり，全部交代は，女児よりも男児で多いことが示された。さらに，数匹交代で年齢の主効果が有意だった（$F(1,59)=5.58, p<.05$）。つまり，数匹交代は5歳児よりも4歳児で多いことが示された。

　1匹交代に関しては，研究3の二人組の場合とほぼ同様の結果で，4歳児から5歳児にかけて1匹交代が多くなり規準が明確なルールの産出が発達することが示された。また，性差も有意であり1匹交代は女児の方で多く，女児の方が発達が早いことが明らかになった。また，研究3の二人組の場合は，全部交代や数匹交代で有意差は見られなかったが，本研究の三人組では有意差が見られた。全部交代が男児で多く，数匹交代が4歳児で多いことが明確に示された。

(2)交代制ルールの主導者

次に,交代のタイミングを計って交代のきっかけを作る子どもを交代の主導者として,実行者と待機者のどちらから交代を行おうとするのかを分析した。交代が生じる直前の様子をビデオで分析し,研究3と同様に次のように分類した。実行者の方から待機者に竿を渡したり机の上に置くなど竿を手放す場合を「実行者主導調整」とし,実行者が竿を渡す前に待機者が言葉で要求したり手で竿を奪ったりする場合を「待機者主導調整」とした。これら以外の交代を「その他」として分類した。「その他」の項目の中には,竿を渡す行動と受け取る行動がほぼ同時で実行者と待機者のどちらが先に行動を起こしたか判別できない場合,8匹の魚を全部釣り終わり魚をゲーム盤にもどして再度釣り始める場合,待機者が竿を取ろうとするが実行者が抵抗していざこざが生じる場合や,二人以上で竿を持つ場合や,二人以上で竿を持った後どの幼児かが竿を手放して一方の幼児が持つ場合の交代が含まれていた。交代の主導者の同定に関して,ビデオの行動を筆者と大学生の2名が独立に分析した。2名の一致率は95.3%であり,不一致の場合は,ビデオを何度も見直し協議の上決定した。

各ペアの10分間の総交代回数のうち,それぞれの主導者によって交代した回数の割合を算出した。各主導者の年齢別・性別の1グループあたりの平均出現割合を Table 4-8 に示した。このデータを角変換し,主導者の分類ごとに,2年齢(4歳児・5歳児)×2性別(男児・女児)の2要因の分散分析を行

Table 4-8　年齢別・性別の交代制ルールの主導者

主導者	4歳児		5歳児	
	男児	女児	男児	女児
実行者主導	33.5(34.9)	31.3(17.8)	28.3(20.0)	51.3(21.3)
待機者主導	55.8(33.3)	49.4(17.9)	51.8(18.7)	35.3(16.6)
その他	10.7(12.4)	19.3(16.2)	22.0(15.5)	13.4(9.3)

注1:数値は各タイプの1グループあたりの平均出現割合を示す。
注2:( )内は標準偏差。

った。その結果，実行者主導調整において，年齢と性別の交互作用に有意な傾向が見られた（$F(1,59)=3.75, p<.10$）。つまり，4歳児では男女の差があまりないが，5歳児では女児の方が男児よりも実行者主導調整が多い傾向にあることが明らかになった。研究3の二人組の場合と同様に，特に5歳女児では竿を持っている実行者の方から待機者に竿を渡す実行者主導調整が多い傾向が示された。

(3) 交代制ルールの規準といざこざの出現との関連

　交代制ルールの規準によっていざこざの出現に違いが見られるのだろうか。この点を検討するために，まず，すべてのグループで，二人以上の子どもの間でいざこざが生じている場面をビデオから抽出した。ゲームの流れを止めてしまうような激しい竿の取り合いは見られなかった。そこでここでは，竿の取り合いが生じた場合と実行者が魚を釣っている間に待機者が実行者の竿に手を出した場合をいざこざ場面として抽出した。

　例えば，まだ実行者が魚を釣っていないのに待機者が竿を取ろうとして生じるいざこざや，実行者が魚を釣ったにも関わらずさらに釣ろうとしたために，待機者がそれを阻止して竿を取ろうとして生じるいざこざなどがあった。待機者が言語だけで「貸して。」などと要求する場合はいざこざには含めなかった。いざこざの同定に関して，ビデオの行動を筆者と大学生の2名が独立に分析した。2名の一致率は95.3%であり，不一致の場合は，ビデオを何度も見直し協議の上決定した。

　次に，交代制ルールの規準のあり方によっていざこざの出現回数が異なるかどうかを比較するために，出現割合の高かった1匹交代と規準なしについて分析した。各グループの交代の中の1匹交代の割合を算出した。各年齢別・性別の4群ごとで，グループの1匹交代の出現割合の中央値を求め，それを規準に1匹交代の出現割合が高い半数のグループを1匹交代高群，低い半数のグループを1匹交代低群として分けた。4歳男児では同割合のグルー

プがあったため，高群が8グループで低群が10グループとなった。また奇数グループの4歳女児と5歳男児では中央値のペアについては数値が近い方の群に分類した。また，規準なしについても各グループの交代の中の規準なしの割合を算出し，同様に規準なし高群と低群に分類した。この場合は，5歳男児で同割合のグループがあったため，高群が7グループで低群が10グループとなった。

　それぞれのいざこざ出現数について開平変換（$\sqrt{\chi+0.5}$）を行い，規準ごとに2年齢（4歳児・5歳児）×2性別（男児・女児）×2規準群（高群・低群）の3要因の分散分析を行った。その結果，1匹交代の規準で，性別と規準の交互作用が有意だった（$F(1,58)=9.07, p<.01$）。男児においては1匹交代高群の方が低群よりもいざこざが多く，女児においては1匹交代低群の方が高群よりもいざこざが有意に多いことが示された。つまり，男児は1匹交代という明確な規準を多く用いているグループであってもいざこざが生じており，1匹交代という規準が必ずしもいざこざを少なくさせてはいない。一方女児の場合は，1匹交代という明確な規準があればいざこざが少なくなり，1匹交代という明確な規準が重要であることが示された。この結果は，研究3の二人組の場合は見られなかった。1匹交代という規準が多い方が，規準がより明確となりいざこざが少ないと予想されるが，それが当てはまるのは女児のみであった。

　また，規準なしでは規準群の主効果が有意だった（$F(1,58)=4.77, p<.05$）。どの年齢別・性別のグループでも，規準なしが多いグループは少ないグループよりもいざこざが多いことが明らかになった。つまり，魚が釣れたという明確な規準を用いることが少ないグループでは，いざこざが多く生じることが示された。この結果は研究3の二人組の場合と同様の結果であり，規準がない交代ではいざこざが多くなるため，うまく関係調整を行うためには，明確な規準のある交代制ルールを産出することが必要であることが示された。各年齢別・性別・規準群の平均いざこざ出現数は Table 4-9 に示されている。

Table 4-9　年齢別・性別・規準群別の平均いざこざ出現数

	4歳児		5歳児	
	男児	女児	男児	女児
1匹交代高群	5.1(3.3)	5.3(3.8)	5.8(3.9)	3.6(3.5)
1匹交代低群	2.9(2.9)	4.8(2.8)	2.3(2.3)	8.6(4.6)
規準なし高群	4.8(3.2)	5.4(3.7)	5.7(3.8)	8.3(5.3)
規準なし低群	3.0(3.2)	4.6(2.9)	2.7(2.8)	4.1(3.2)

注：（ ）内は標準偏差。

(4) 交代制ルールの進行：順番の確認と交代の仲介

　交代制ルールの進行状況で，従来の二人組の研究では見られなかった幼児の言動が見られた。その一つは，順番の確認に関する発言である。これは，ゲームの開始時や一人の幼児が釣っている間に，他の幼児が自分の順番や仲間の順番について確認するための発言の事である。例えば，「誰が1番？」，「1番は○○ちゃん，2番は○○ちゃん，3番は○○ちゃん。」，「次は，○○ちゃんやろ？」，「今度○○君。」，「○○君は，まだやってない。」，指をさしながら「こういって，こういって，こういく順番ね。」などの発言で，全体の順番の確認，自分の順番の主張，他者の順番の指摘などを含めた。

　このような順番の確認のための発言回数を数え，年齢別・性別の平均回数をTable 4-10に示した。全体的にはそれほど多い回数ではないが，このデータに基づいて順番確認の出現数について開平変換（$\sqrt{x+0.5}$）を行い，2年齢（4歳児・5歳児）×2性別（男児・女児）の2要因の分散分析を行った。その結果，性別の主効果が有意だった（$F(1,62)=12.75, p<.01$）。つまり，女児の方が男児よりも順番確認回数が有意に多いことが明らかになった。

　また，二人組の場合には見られなかったもう一つの言動は，仲介である。これは，実行者が魚を釣って次の子どもの順番になる際に，待機者二人のうちの一人が，自分の順番ではないのでもう一人の待機者に対して竿を渡す行動である。仲介は，竿をいったん自分の手に持つことになるので，自分がそのまま釣ることもできるが，それを抑制して他者に渡す行動である。従って，

第4章　交代制ルールの産出と主導者の観点からみた関係調整の発達　71

Table 4-10　年齢別・性別の平均順番確認回数

4歳児		5歳児	
男児	女児	男児	女児
0.67(1.2)	1.80(1.6)	1.06(1.3)	2.00(1.9)

注：（　）内の数値は標準偏差。

Table 4-11　年齢別・性別の平均仲介回数

4歳児		5歳児	
男児	女児	男児	女児
0.39(0.7)	1.13(0.7)	0.88(1.8)	1.31(1.4)

注：（　）内の数値は標準偏差。

三人の全体の順番を把握した上で，次の順番の幼児のことを配慮して，順番通りに正確に竿を渡そうとする行動である。

このような仲介回数を数え，年齢別・性別の平均回数を Table 4-11 に示した。全体的にはそれほど多い回数ではないが，このデータに基づいて仲介の出現数について開平変換（$\sqrt{x+0.5}$）を行い，2年齢（4歳児・5歳児）×2性別（男児・女児）の2要因の分散分析を行った。その結果，性別の主効果が有意だった（$F(1,62)=11.38, p<.01$）。つまり，女児の方が男児よりも仲介回数が有意に多いことが明らかになった。

順番確認や仲介は，三人のメンバーの行動を全体的によく見ていることから出てくる関係調整行動であると考えられる。これらがどちらも女児の方で多く見られたことから，女児の方がより他者の行動に注目し，他者を配慮した関係調整をしていることが明確に示された。

(5) 交代制ルールにおける実行回数の偏り

交代制ルールにおいて，三人の幼児の順序が正確に実行される場合もあるが，幼児の場合は，途中で順番をぬかして順序がずれてしまうことも多く観察された。その結果，魚釣りの実行回数が多い幼児と少ない幼児で偏りが生

じる場合もあった。この実行回数の偏りが年齢や性別によって異なるのかどうかを検討した。

　三人の幼児をA, B, Cとすると，それぞれの順番が回ってきて魚釣りを実行した回数を数え，AとBの差，BとCの差，CとAの差の絶対値の合計値を算出した。三人が同じ回数実行していれば，この数値は0となる。それを各グループの実行回数の偏りの得点として比較した。このデータに基づき，2年齢（4歳児・5歳児）×2性別（男児・女児）の2要因の分散分析を行った。その結果，有意差は見られなかった。

　つまり，実行回数の偏りは年齢別・性別で，平均的には違いはないことが明らかになった。しかし，各群で，三人が同じ回数実行できたグループもあれば，かなり実行回数に偏りが見られたグループもあった。実行回数の偏りの得点が6点以上のグループは，4歳男児で27.7％，4歳女児で13.3％，5歳男児で17.6％，5歳女児で6.3％だった。つまり，男児の方が，実行回数の偏りが大きいグループの割合が多い傾向が示された。また，4歳男児よりも5歳男児は実行回数の偏りが大きいグループの割合はやや少ないが，偏りの得点が10点以上のグループが5歳男児のみ2グループ見られた。以上のことから，有意差はないが，女児のグループよりも男児のグループ，特に5歳男児のグループで実行回数の偏りが多い傾向が示された。

【考　察】

　研究4の目的は，三者関係における幼児の交代制ルールの産出とその主導者を中心に，4歳児と5歳児の他者との関係調整の年齢差と性差を検討することだった。

　交代制ルールを産出しなかったグループは3グループのみであり，4歳児も5歳児も三人組になっても二人組と同様に全体的には交代制ルールを産出することができることが明らかになった。また，交代の規準の分析の結果，規準なしの交代は少なく，4歳児も5歳児も全体的には魚が釣れたという明

確な規準を用いて三人組の関係調整をすることができることが示された。

　規準の種類についての分析では，二人組の場合と同様に，1匹交代は4歳児よりも5歳児で多く産出された。二人組では有意差がなかった数匹交代にも有意差が見られ，数匹交代は5歳児よりも4歳児で多く産出された。このことから，三者関係でも5歳児の方が1匹釣ったら交代という明確な規準を設定して関係調整するように発達することが明らかになった。4歳児は数匹交代という不明確な規準を設定して関係調整しているために，他者の行動を予測しにくく三者関係の調整は未熟であることが示された。また，いざこざと規準の関連の分析から，規準なしのグループのいざこざが多いことが示され，三人組の関係調整においても，規準が明確な交代制ルールの産出が重要な役割を果たしていることが明らかになった。

　さらに，三人組の場合では性別による関係調整の違いが明確になった。二人組の場合では1匹交代の性差は有意な傾向にとどまったが，三人組の場合は，有意差が見られ，男児よりも女児で多く産出された。また，三人組の方が二人組よりも待ち時間が長くなるにも関わらず，三人組でさらに待ち時間が長くなる全部交代が，女児よりも男児で多いという違いが見られた。交代制ルールの主導者の分析では，二人組と同様三人組でも5歳女児で実行者主導が多い傾向にあった。さらに，女児の方が順番の確認や交代の仲介行動が多いことが示された。交代制ルールの実行回数の偏りは，男児の方がやや多く見られ，特に5歳男児では極端に実行回数の偏りが多いグループが見られた。

　このように三人組という交代が困難な状況を設定することで，関係調整の発達の性差がより明らかになった。5歳女児は，三人組になって関係調整が困難になっても1匹交代という規準が明確な交代制ルールを産出して，他者の人数が多くなっても全体的に他者配慮を行いながら交代制ルールを主導してうまく関係調整していた。女児の方が男児よりも関係調整の発達が早いことが示唆される。

一方，5歳男児では，全部交代が多いという特徴も示された。これは一人が8匹の魚を全部釣るまで待っていなくてはならず，しかも三人組では非常に待ち時間の長くなる交代制ルールである。このことは，男児は抑制能力が低いために他者との関係調整がうまくいかないわけではないことを示している。抑制能力が低いということではなく，男児は他者の取り込みが未熟であり，自分とゲームとの関係を中心に遊ぶために，自分がゲームをすべてやり終えて，次に相手に交代するという全部交代の規準で交代制ルールを産出していると考えられる。つまり，男児は他者へ注意を向ける能力が低い可能性が示唆される。

　また，男児では交代制ルールを産出しないグループや，交代制ルールを産出していても実行回数に偏りが多く不公平な交代になっているグループが見られた。このことは，男児の方が特に5歳男児では，仲間関係において力関係が現れ，力の強い子どもが多く実行するという不公平な関係調整が行われている可能性が示唆される。

第5章 交代制ルールの安定性からみた幼児の関係調整の発達

第1節 魚釣りゲーム場面における交代制ルールに及ぼすゲームの難易度の影響（研究5）

【目　的】

　研究3で，魚釣りゲーム場面での幼児の二者関係のルールの産出が検討された。その結果，明確な交代の意志がなければ交代できないような，つまり遊具が実行者の手から放れない魚釣りゲーム場面であっても，4歳児も5歳児も全体的には交代制ルールを産出することができることが示された。しかし，交代制ルールの規準を分析した結果，5歳児は魚を1匹釣ったら交代する交代制ルールを産出していたが，4歳児は5歳児に比べると1匹交代は少なく，魚を全部釣ってから交代する交代制ルールを多く産出していた。

　この結果から，4歳児は交代制ルールの産出が不安定であり，自分とゲームとの関係を重視しており，他者と共有しやすい明確な規準の設定が未熟であると考えられる。魚釣りゲームの場合，交代制ルールの規準となる魚の釣れ方は魚釣りゲームの難易度によって影響されることも考えられる。つまり，魚を釣るのが難しいと実行者の釣る時間が長くなるため，待機者の待ち時間も長くなり，釣る前に交代しようとしたりして規準のない交代が増加する可能性がある。また，釣るのが難しいため釣ることに必死になって，何匹も釣ろうとしたり，他者のことまで配慮したりする余裕がなくなる可能性もあるだろう。

　そこで，本研究では魚釣りゲームの難易度を操作し，魚が釣りやすい平易

条件と釣りにくい困難条件を設定する。平易条件であれば，4歳児であっても規準が明確な交代制ルールが産出でき，他者配慮的なルールの主導も多くなると予想される。また，それに伴っていざこざも少なくなるのではないかと考えられる。

研究3では，規準が不明確なペアの事例を取り出してエピソード分析を行った。その際，規準が不明確であるといざこざが増加していく様子が示されたが，困難条件のようにうまく魚が釣れない場合，待機者がどのように関係調整していくかという点について，いざこざ場面の事例を増やして検討する必要があると考えられる。そこで，本研究では，関係調整の様相をより明らかにするために，待機者が実行者との関係を調整しようとするいざこざの場面のエピソードを抽出して，関係調整の時系列的な分析を試みる。

以上のことから，本研究では，「もの」の要素であるゲームの難易度を変化させることによって，ゲームの難易度が交代制ルールの産出と主導者に及ぼす影響について検討すること，またその影響が4歳児と5歳児で異なるのかどうかを検討することを目的とする。具体的には，以下の点を検討する。

(1)魚釣りゲームの難易度を操作し，平易な条件と困難な条件を設定して，ゲームの難易度が4歳児と5歳児の交代制ルールの産出に影響を及ぼすのかどうかを検討する。

(2)同様に，ゲームの難易度が4歳児と5歳児の交代制ルールの主導者に影響を及ぼすのかどうかを検討する

(3)ゲームの難易度が4歳児と5歳児のゲームでのいざこざの出現に影響を及ぼすのかどうかを検討する。さらに，いざこざ場面の行動の時系列的なエピソード分析を行い，幼児の他者との関係調整の様相を明らかにする。

【方　法】

対象者：本研究の対象者は，O市内の保育園の年中クラス4歳児38名（平均年齢5歳3ヶ月），年長クラス5歳児38名（平均年齢5歳11ヶ月）の計76名だ

った。

　遊具：対象者に与えるゲームとして，難易度の異なる2種類の市販の魚釣りゲームを採用した。平易なゲームとして，「グルグルフィッシング」（株式会社朝日コーポレーション）を採用した。このゲームでは，釣り竿の釣り糸の部分はプラスチック製の棒になっていて揺れにくく，釣り針の部分は錨型で引っかかりやすいため魚を釣りやすくなっている。このゲームでは，竿の長さは18cm，釣り棒の長さは12.5cmで，魚は赤，黄，緑，紫の4色各2匹ずつの計8匹だった。

　困難なゲームとして，「ブルブルカプッチョ釣りゲーム」（SEGA　TOYS）を採用した。このゲームでは，釣り糸の部分がひも状で揺れるという点と，釣り針の部分が小さい魚の形状で丸く滑りやすいという点と，魚が時々跳ねるという点で釣りにくい構造になっている。このゲームでは，竿の長さは32cmで，釣り糸の長さは10cmだったが，本研究では幼児の能力を考慮し，釣り糸の長さを4cmに調節した。魚は赤3匹，黄3匹，青2匹の計8匹だった。

　いずれのゲームにおいても，ゲーム板に魚をセットし，電源を入れるとゲーム板が回転し，動く魚を釣り上げるという状況になっていた。

　手続き：はじめに，対象者は二人組のペアに分けられた。このペアは同性同年齢であり，日常一緒に遊んでいることを教師本人共に認めている子ども同士の二人組であった。

　これらの対象者ペアをランダムにゲームの難易度別の2条件に振り分けた。4歳児を平易条件9組と困難条件10組に，5歳児を平易条件9組と困難条件10組に振り分けた。

　平易条件，困難条件とも次のような同じ手続きで実験が実施された。まず，保育園の一室にテーブルを1台設置し，対象者二人を横に隣りあわせで座らせた。釣り竿は二人に1本しか用意されていなかった。

　実験者は魚を釣ってみせながら，「このように竿で魚を釣ります。魚を手

で持って釣ったり，釣り糸の部分を持って釣ったりしないで下さい。魚を全部釣ってしまったら，魚をまた戻して遊んでいいです。」と，魚釣りゲームのやり方を対象者に説明した。その後，「これから，お姉ちゃんが終わりというまで，二人で一緒に魚釣りゲームで遊んで下さい。」と教示した。遊びの途中で対象者から遊び方についての質問があった場合は，実験者は「自由に遊んでいいです。」とだけ告げた。

　実験は10分間とし，実験者がストップウオッチで時間を測定して10分経過したところで実験を終了した。対象者には，遊び時間は明示しなかった。10分間の様子はビデオカメラで録画された。ビデオカメラは，テーブルの斜め前2m程度の位置に三脚で設置された。

【結　果】

　対象者ペアのうち，実験状況で全く魚釣りゲームをしなかったペアが，4歳児の平易条件で2組あった。これらのペアは，実験状況を拒絶したわけではなかった。しかし，実験者の教示を静かに聞いた後，対象者二人ともおとなしくしており，ゲーム遊びを促しても遊具に触ろうとしなかった。実験は，保育園の1教室で実施されたが，1グループずつ呼び出し，ビデオカメラ操作者と教示者の実験者二人がいるという実験室的状況であったため，幼児が雰囲気になじめなかった可能性がある。そのため，この2組を分析から除外した。従って分析対象者は，4歳児34名（平易条件7組，困難条件10組），5歳児38名（平易条件9組，困難条件10組）となった。

(1)交代制ルールの産出

　魚釣りゲームでの二人に1本しかない竿の使用に関する交代制ルールについて分析を行った。基本的に研究3と同様の規準で交代制ルールの産出を分析した。竿を持って魚を釣っている対象者を実行者，竿を持たずゲームを見ながら順番を待っている対象者を待機者とした。ゲームの中で，実行者と待

機者が入れ替わった場合を1交代とした。一時的に二人で同時に竿を持って釣る場合は観察されたが，継続的に二人で同時に竿を持って釣ることは観察されなかった。つまり同時制ルールと判断されるものはなかった。そこで，二人で同時に竿を持つ場合では，二人で持った時を1交代，どちらかが竿を放してまた一人になった時を1交代としてカウントした。交代が2回以上継続して観察された場合を交代制ルールが産出されているとみなした。ビデオ録画された対象者のペアの行動から，交代とみなされる行動をすべて取り出した。交代の同定に関して，ビデオの行動を筆者と大学生の2名が独立に分析した。2名の一致率は95.0%であり，不一致の場合は，ビデオを何度も見直し協議の上決定した。

交代制ルールを全く産出しなかったペアは観察されなかった。本研究のような竿が実行者の手から放れないので交代の意志がないと交代できない魚釣りゲームであっても4，5歳児は交代制ルールを産出できることが明らかになった。

交代制ルールを産出したペアの年齢・条件別の平均交代回数は，Table 5-1に示されている。このデータについて開平変換（$\sqrt{x+0.5}$）を行い，2年齢（4歳児・5歳児）×2条件（平易・困難）の2要因の分散分析を行った。その結果，条件の主効果に有意差が見られた（$F(1,2)=8.92, p<.01$）。このことから，困難条件よりも平易条件の方が，交代回数が有意に多いことが明らかになった。つまり，4，5歳児とも困難条件の方が1回の釣り時間が長く，次の交代までの待ち時間が長いことが示された。

次に，交代制ルールがどのように産出されているかを明らかにするために，

Table 5-1 年齢別・条件別の平均交代回数

4歳児		5歳児	
平易	困難	平易	困難
23.7(12.1)	8.5(4.8)	27.2(17.2)	15.9(6.3)

注：（ ）内の数値は標準偏差。

交代制ルールの規準を検討した。ゲーム開始の際に事前に，この場合に交代するというようなルールを言語的に取り決めていたペアはなかった。従って，研究3と同様の方法で，交代制ルールの規準を分類した。魚が1匹釣れた時に交代する規準を「1匹交代」とした。魚が8匹全部釣れた時に交代する規準を「全部交代」，魚が数匹釣れたところで交代する規準を「数匹交代」とした。この数匹交代は，2匹から7匹釣れたら交代しているものを含めたが，ほとんどが2～3匹釣って交代しており，6～7匹で交代しているものはなかった。魚が釣れていないが交代する場合は，「規準なし」とした。8匹の魚を全部釣り終わり魚をゲーム盤にもどして再度釣り始める場合と，最初は何らかの規準があったとしても竿の取り合いが生じて何度か取り合いを繰り返した結果交代し，上記の分類に当てはまらない場合を「その他」として分類した。

どの交代の場合もあらかじめ言語的に取り決められていたわけではなかった。数ペアでゲーム開始時に釣り竿の取り合いが見られたが，ほとんどのペアでどちらかの子どもが先に釣り竿に手を伸ばし，特に相互交渉なくそのまま釣り始めることが多かった。交代の規準の同定に関して，ビデオの行動を筆者と大学生の2名が独立に分析した。2名の一致率は95.2%であり，不一致の場合は，ビデオを何度も見直し協議の上決定した。

各ペアの10分間の総交代回数のうち，それぞれの規準を用いて交代した回数の割合を算出した。各規準の1ペアあたりの年齢別・条件別の平均出現割合をTable 5-2に示した。Table 5-2より，全体的には，魚が釣れたという規準の交代制ルールが産出されることが多いことが示された。その中でも魚が1匹釣れたという1匹交代が多かった。特に平易条件では，大部分1匹交代の交代制ルールが産出されることが明らかになった。

Table 5-2のデータを角変換し，ルールの規準ごとに，2年齢（4歳児・5歳児）×2条件（平易・困難）の2要因の分散分析を行った。その結果，規準なしにおいて条件の主効果が有意だった（$F(1,32)=5.77$, $p<.05$）。つまり，

Table 5-2 年齢別・条件別の交代制ルールの規準

規準	4歳児		5歳児	
	平易	困難	平易	困難
一匹交代	68.9(35.5)	36.8(37.4)	70.9(40.9)	61.5(32.7)
全部交代	2.4(6.3)	12.5(31.7)	11.1(33.3)	3.3(10.5)
数匹交代	10.8(24.9)	14.8(31.9)	5.6(16.7)	3.9(7.6)
規準なし	5.9(6.4)	30.7(25.4)	9.1(17.4)	14.6(13.2)
その他	12.0(6.7)	5.2(12.9)	3.3(11.1)	16.7(10.5)

注1:数値は各ルールの1ペアあたりの平均出現割合。
注2:( ) 内は標準偏差。

年齢に関わらず,規準なし(魚が釣れていない交代)は,平易条件においてよりも困難条件においての方が有意に多いことが示された。

(2)交代制ルールの主導者

 次に,交代のタイミングを計って交代のきっかけを作る子どもを交代の主導者として,実行者と待機者のどちらから交代を行おうとするのかを分析した。研究3と同様に,交代が生じる直前の様子をビデオで分析し,次のように分類した。実行者の方から待機者に竿を渡したり机の上に置くなど竿を手放す場合を「実行者主導調整」とし,実行者が竿を渡す前に待機者が言葉で要求したり手で竿を奪ったりする場合を「待機者主導調整」とした。これら以外の交代を「その他」として分類した。「その他」の項目の中には,竿を渡す行動と受け取る行動がほぼ同時で実行者と待機者のどちらが先に行動を起こしたか判別できない場合,8匹の魚を全部釣り終わり魚をゲーム盤にもどして再度釣り始める場合,待機者が竿を取ろうとするが実行者が抵抗していざこざが生じる場合や,二人で竿を持つ場合や,二人で竿を持った後どちらかが竿を手放して一方の幼児が持つ場合の交代が含まれていた。交代の主導者の同定に関して,ビデオの行動を筆者と大学生の2名が独立に分析した。2名の一致率は96.7%であり,不一致の場合は,ビデオを何度も見直し協議

Table 5-3　年齢別・条件別の交代制ルールの主導者

主導者	4歳児		5歳児	
	平易	困難	平易	困難
実行者主導	43.9(22.1)	31.2(28.9)	50.3(18.9)	32.4(27.7)
待機者主導	47.9(19.5)	59.2(34.5)	45.9(16.2)	48.8(32.5)
その他	8.2(6.5)	9.6(15.6)	3.8(4.6)	18.9(30.3)

注1：数値は各ルールの1ペアあたりの平均出現割合を示す。
注2：( )内は標準偏差。

の上決定した。

　各ペアの10分間の総交代回数のうち，それぞれの主導者によって交代した回数の割合を算出した。各主導者の年齢別・条件別の1ペアあたりの平均出現割合を Table 5-3に示した。各年齢別・条件別で主導者の出現の仕方が異なるかどうかを検討するために，Table 5-3のデータを角変換し，主導者の分類ごとに，2年齢（4歳児・5歳児）×2条件（平易・困難）の2要因の分散分析を行った。その結果，実行者主導調整で条件の主効果に有意な傾向が見られた（$F(1,45)=2.96$, $p<.10$）。つまり，実行者主導調整は困難条件よりも平易条件で多いことが示された。ゲームが簡単ですぐに魚が釣れる平易条件では，4歳児も5歳児も自分から竿を渡すという他者配慮的な調整を行う傾向にあることが明らかになった。

(3)条件別のいざこざの出現と関係調整のプロセス

　行動記録から対象者二人の間でいざこざが生じている場面を取り出した。ゲームの流れを止めてしまうような激しい竿の取り合いはほとんど見られなかった。従ってここでは，竿の取り合いに加え，実行者が魚を釣ろうとしている間に待機者がなんらかの行動を示して，実行者が明らかに不快感を表した場合もいざこざ場面として抽出した。待機者が言語だけで「貸して。」など要求する場合はいざこざには含めなかった。いざこざの同定に関して，ビデオの行動を筆者と大学生の2名が独立に分析した。2名の一致率は97.3%

であり，不一致の場合は，ビデオを何度も見直し協議の上決定した。

年齢別・条件別のいざこざのペア平均回数を算出した結果を Table 5-4に示した。このデータについて開平変換（$\sqrt{x+0.5}$）を行い，2年齢（4歳児・5歳児）×2条件（平易・困難）の2要因の分散分析を行った。その結果，条件の主効果が有意だった（$F(1,31)=4.40$, $p<.05$）。また，年齢の主効果に有意な傾向が見られた（$F(1,31)=3.31$, $p<.10$）。このことから，平易条件よりも困難条件の方がいざこざの出現が多いことが示された。また，5歳児よりも4歳児の方がいざこざの出現が多い傾向にあることが明らかになった。

次に，いざこざが出現した場面をより詳細に分析していく。いざこざの原因は，「ゲーム開始時の竿の取り合い」「釣り時間超過」「釣り回数超過」「その他」の4つに分類できた。「ゲーム開始時の竿の取り合い」とは，ゲームを始める時や，魚をすべて釣り終わりゲームを再開する時に，竿の取り合いになりいざこざが生じた場合である。これは，どちらが先に釣り始めるかを決められないことが原因で生じたいざこざである。

「釣り時間超過」とは，多くは魚を釣ったら交代するという規準が使われていたが，まだ実行者が魚を釣っていないのに待機者が竿を取ろうとしてそれに実行者が抵抗していざこざが生じた場合である。多くの場合，実行者が長い時間釣れずにいて待機者が待てなくなってきたために，いざこざが生じていると考えられ，これを時間超過が原因とした。

「釣り回数超過」とは，多くは魚を釣ったら交代するという規準が使われていたが，実行者が魚を釣ったにも関わらずさらに釣ろうとしたために，待機者がそれを阻止して竿を取り上げようとしていざこざが生じた場合である。

Table 5-4　年齢別・条件別の平均いざこざ出現数

4歳児		5歳児	
平易	困難	平易	困難
2.3(1.8)	6.6(5.3)	1.1(1.4)	4.4(5.4)

注：（　）内は標準偏差。

「その他」とは，実行者が早く魚を釣ることができるように，待機者が動いている釣り場のスイッチを切って止めたり，魚を釣れやすく支えてあげたりした場合，実行者がそれを嫌がって生じるいざこざのことである。

各分類の年齢別・条件別のいざこざの出現回数を Table 5-5に示した。Table 5-5より，どの条件においても「釣り時間超過」によるいざこざが多いことが明らかになった。やはり，実行者がなかなか魚を釣れない場合に，待機者が待ちきれずに竿を取ろうとしていざこざが生じる場合が多いことが示された。特に困難条件では実行者が釣れるまでの時間がかかるために「釣り時間超過」の割合が高くなっていた。また，困難条件では「その他」のいざこざが多かった。待ち時間が長くなるため，魚を触ったりゲーム場を触ったりして実行者が早く釣れるように援助しようとする行動が増えるが，実行者には受け入れられずにいざこざが生じていた。

以上の結果から，ゲーム場面でのいざこざは困難条件で多くなり，その原因は釣り時間が長くなるために待機者が待ちきれなくなって竿を取ろうとするものが多いことが示された。

いざこざ場面において，幼児がどのような関係調整を行っているのかを検討するために，いざこざ場面の待機者と実行者の行動を分析した。ゲーム開始時の取り合い以外は，待機者の行動がいざこざの契機となっていた。待機者が，特に理由を言語的に説明することなく実行者の竿をつかんだり釣るの

Table 5-5　年齢別・条件別いざこざの原因

	4歳児		5歳児	
	平易	困難	平易	困難
ゲーム開始時取り合い	7(43.8)	4(6.0)	2(18.2)	7(15.9)
釣り時間超過	7(43.8)	34(51.5)	4(36.4)	18(40.9)
釣り回数超過	0(0.0)	16(24.2)	4(36.4)	11(25.0)
その他	2(12.5)	12(18.2)	1(9.0)	8(18.2)
合　計	16(100)	66(100)	11(100)	44(100)

注：（　）内の数値は％を示す。

を邪魔したりしていざこざが生じる場合が多かった。そこで，ゲーム開始時の取り合いは除いて，待機者が実行者に対して行うこのような行動に対して，実行者が言語・動作・表情をどのように使って反応したのかを分類した（Table 5-6参照）。言語や動作を伴わず，苦笑いやふくれっつらの表情をした場合を「表情のみ」として分類した。

　Table 5-6より，4歳児では言語を伴って反応する場合が多く，5歳児では動作のみで反応する場合がやや多いことが示された。言語的表現は「待って，待って。」「あーもう，だめ。」「なんでー。」といったような単純なものが多く，ルールを説明して相手を説得するようなものはほとんどなかった。動作は「振り払う。」「相手の手を遠ざける。」「一緒に竿を持って放さない。」などがあった。この結果から，待機者に竿を取られようとしたり邪魔されたりした場合，4歳児であっても実行者が言語と動作を使って，自分の意志を表すことが示された。しかし，言語的表現は加齢に伴い増加する性質のものではなく，5歳児でも単純に動作のみで抵抗することもあるということが明らかになった。

　ゲーム遊びにおけるいざこざ場面では，待機者も実行者も動作だけでなく言語も使って自分の意志を相手に伝えようとしていることが示された。しかし，言語の内容は「貸して。」「だめ。」など単純なものが多く，ルールや順番について詳しく述べるものではなかった。また，5歳児でも動作のみで単純に相手と交渉する場合がかなり見られた。

Table 5-6　いざこざ場面における実行者の反応

	4歳児		5歳児	
	平易	困難	平易	困難
動作のみ	2(22.2)	15(24.2)	4(44.4)	19(51.4)
言語＋動作	4(44.4)	35(56.5)	2(22.2)	13(35.1)
言語のみ	3(33.3)	4(6.5)	1(11.1)	3(8.1)
表情のみ	0(0)	8(12.9)	2(22.2)	2(5.4)

注：（　）内の数値は％を示す。

次に,「釣り時間超過」と「釣り回数超過」が原因の場面においていざこざがどのように終結していたかを分析した。終結の仕方には,二人で一緒に竿を持って釣る場合と,実行者が抵抗してそのまま釣り続ける実行者保持と,待機者が竿を取り上げる待機者奪取が見られた。それぞれの出現頻度をTable 5-7に示した。

Table 5-7より,すべての条件で実行者保持が多いことが明らかになった。実行者が釣る前に待機者が竿を取り上げようとしても,実行者が抵抗をして竿を渡さないようにしていた。また,釣り回数超過の場合も,実行者の保持による終結が多かった。従って,現在竿を持っている実行者がいざこざの交渉において有利になっていることが明らかになった。

いざこざの終結の分析から,実行者の所有権がかなり強く作用するため待機者の要求が常に満たされるとは限らないことが示された。このような場合,待機者がどのように交渉して関係調整しようとしているのかを二人の遊びの流れの中で検討する必要がある。

そこで,4,5歳児困難条件のいざこざのエピソードを抽出し,ペアの動作と言語の変化を時間の流れに沿ってTable 5-8とTable 5-9に示した。待機者が実行者から竿をもらうために行う行動とそれに対する実行者の反応を1

Table 5-7　いざこざの終結

	4歳児		5歳児	
	平易	困難	平易	困難
釣り時間超過				
二人一緒に釣る	3(42.9)	4(11.8)	1(25.0)	1(5.6)
実行者保持	3(42.9)	28(70.6)	3(75.0)	17(94.4)
待機者奪取	1(14.2)	2(5.9)	0(0)	0(0)
釣り回数超過				
二人一緒に釣る	0(0)	0(0)	0(0)	0(0)
実行者保持	0(0)	16(100)	4(100)	10(90.1)
待機者奪取	0(0)	0(0)	0(0)	1(9.9)

注：( )内の数値は%を示す。

第5章　交代制ルールの安定性からみた幼児の関係調整の発達　87

Table 5-8　4歳困難条件のペアのエピソード

L男は，魚を4匹釣ったあと，K男に交代。
K男は釣り始めるのだが，魚がなかなか釣れない。
[1段階]
L男…「あーもうできんの。こうや，こうや。」
　　　（釣り方を教えようとしながら竿にさわろうとする）
K男…「だぅ。」（L男に竿を取られないように抵抗する）
L男…（竿から手を放す）
K男が1匹釣れたので，L男が「おぉ。黄色釣れた。」と言う。
そしてまた，K男は魚を釣り始める。
[2段階]
L男…「やらして。」（直接要求して竿を取ろうとする）
K男…「やーー。」（抵抗して竿を渡さない）
L男…（竿から手を放す）
K男が釣る間，L男は本体を見ながらアドバイスをしている。
[3段階]
L男…「貸して。もうやらしてよ。いっぱい釣ったやろ。」
　　　（K男が3匹釣ったあとだったので，竿を取ろうとする）
K男…「いやーー。」（抵抗して竿を渡さない）
[4段階]
L男…（むりやり力ずくで竿を奪う）

注：□□□は，待機者と実行者のやり取りの区切りを示す。

段階として区切る。待機者の行動がうまくいかず竿を得ることができなければ，次の行動に移り，それが2段階となる。このようにして，待機者と実行者のやり取りの時間経過に伴う変化を分析した。

　Table 5-8は，4歳困難条件のペアのエピソードである。K男が実行者として釣っているがなかなか釣れないために，待機者のL男は，まず釣り方を教えながら竿にさわろうとして間接的要求表現を行ったが，K男は竿を渡さなかった（1段階）。次にL男は，言語的に「やらして。」と直接的に伝えて要求したが，K男は応じなかった（2段階）。最後にはK男が多く釣ったことという交代の理由を言語的に説明して交代を要求したが，やはりK男は応じなかった（3段階）。最終的に，L男は力ずくで竿を奪った（4段階）。

　同様にTable 5-9は，5歳困難条件のペアのエピソードである。M男が実行者として釣っているがなかなか釣れないために，N男はまず無言で動作の

Table 5-9　5歳困難条件のペアのエピソード

N男が1匹釣ったあとM男に交代。
M男は2回ほど釣れそうだったがなかなか釣れない。
[1段階]
N男…(無言でM男の竿に手を伸ばし取ろうとする)
M男…「おいおいおい。」(N男の手を竿から払いのける)
N男…(竿から手を放す)
[2段階]
N男…「止めるけん。」(釣り場のスイッチに手を置く)
M男…「何で？」と断る。
N男…「早くやってくれぇ。」(言語のみで要求する)
M男はまた釣れそうだった魚が釣れない。
[3段階]
N男…「M君，ちゃんと狙えばいいのに。」
　　　(釣り方を教えようとしながら竿を取ろうとする)
M男…(抵抗して竿を渡さない)
N男…(竿から手を放す)
[4段階]
N男…「貸してみ。」(直接要求して竿を取ろうとする)
M男…「あー，いやいや。」(N男の手を竿から払いのける)
N男…「今これ狙え。」(竿から手を放し釣れそうな魚を指示)
M男は3回ほど釣れそうだったがなかなか魚が釣れない。
[5段階]
N男…「M君。」(M男の名前を言いながら，竿を取ろうとする)
M男…「おいおい，おいおい。」(N男の手を竿から払いのける)
N男…(M男に手を払いのけられ，竿から手を放す)
このあとM男が1匹釣り，N男が竿を奪った。

注：[　　]は，待機者と実行者のやり取りの区切りを示す。

みで竿を取り上げようとしたが，それをM男に拒否された(1段階)。次にN男は，釣り場のスイッチを切って釣りやすくしようとしたり，「早くやってくれ。」と言語的に要求したりしたが，M男は釣れずに竿を渡さなかった(2段階)。N男は「M君，ちゃんと狙えばいいのに。」と言語的にアドバイスをして少しでも早く魚を釣らせ，竿を早く手に入れようとしたが，M男は応じなかった(3段階)。最終的に，N男は，「貸してみ。」「M男君。」と直接的に言語を伴って無理やり竿を取ろうとした(4・5段階)。

　これらのエピソードから，4，5歳児とも，困難条件では交代して欲しい

という待機者の要求がなかなか通らずいざこざが続く場合があった。竿を持っている実行者が竿を持ち続ける場合が多く，実行者の方の権利が強いことが多かった。待機者は，最初は間接的要求をし，徐々に，言語的説明を加えたり援助したりするが，最終的には直接的要求や力ずくで奪うというように行動を変化させながら相手と関係調整していく様子が示された。

【考　察】

　研究5の目的は，「もの」の要素であるゲームの難易度を変化させることによって，ゲームの難易度が交代制ルールの産出と主導者に及ぼす影響について検討すること，またその影響が4歳児と5歳児で異なるのかどうかを検討することだった。

　まず，ゲームの難易度が4歳児と5歳児の交代制ルールの産出に影響を及ぼすのかどうかを分析した。その結果，規準なしで難易度の影響が見られ，平易条件よりも困難条件において有意に多く規準なしの交代制ルールが産出されることが明らかになった。

　次に，ゲームの難易度が4歳児と5歳児の交代制ルールの主導者に影響を及ぼすのかどうかを分析した。その結果，実行者主導調整で難易度の影響が見られ，困難条件でよりも平易条件での方が，実行者主導調整が多い傾向が示された。

　さらに，ゲームの難易度が4歳児と5歳児のゲームでのいざこざの出現に影響を及ぼすのかどうかを分析した。その結果，いざこざは，平易条件でよりも困難条件での方が多いことが明らかになった。

　以上のことから，4歳児も5歳児もルールの産出と他者との関係調整は，ゲームの難易度に影響されることが示された。ゲームが簡単な平易条件では，交代制ルールの規準となる魚が釣れるという行動の完了が早く容易になるため，より交代の規準が明確なルールを産出することができた。また，同様に自分から相手に竿を渡すという実行者主導調整も多くなることが示された。

さらに，平易条件では困難条件よりもいざこざの出現回数が少ないことが明らかになった。これらの事から，ゲームが簡単になれば，規準が明確な交代制ルールを産出しやすくなり，他者を配慮した交代制ルールの主導が行われ，いざこざの少ない関係調整が行われることが示された。従って，研究1～3と同様に，うまく仲間との関係調整をするためには，明確な規準のある交代制ルールの産出が重要であり，そのためにはゲームは平易なものを用いる方がよいことが示唆される。

ゲームの難易度が幼児の交代制ルールの産出や実行者主導調整に影響を及ぼした結果は，次のように考察できる。魚を釣るのが難しいと実行者の釣る時間が長くなるため，待機者の待ち時間も長くなり，魚が釣れる前に交代しようとしたりして規準のない交代が増加したり，待機者が待ちきれずに待機者主導で交代し，また待機者の方から竿を取ろうとしていざこざが生じる場合が多くなったと考えられる。これは，待ち時間が長くなった場合の幼児の行動の抑制能力の未熟さを反映していると考えられる。

また，魚を釣るのが難しいと，釣ることに必死になって，何匹も釣ろうとして，他者のことまで配慮する余裕がなくなったと考えられる。うまく釣れなければもっとやりたいという実行者の意志が強くなり，実際困難条件では，実行者が魚を1匹釣ったにも関わらず交代しない「釣り回数超過」を原因とするいざこざも生じていた。この「釣り回数超過」によるいざこざの終結は，実行者保持によるものであり，実行者が他者を配慮することが少ないと考えられる。

これに対して，平易条件では，待ち時間が少なく幼児の抑制能力に合った交代制ルールを産出することができ，釣ることに対する負担が少ないため他者へ配慮した実行者主導調整が行われやすいと考えられる。従って，交代制ルールの産出が不安定な4歳児であっても，ゲームの難易度を低くすることで，他者を取り込みやすくなり関係調整の練習をすることが可能になることが示唆される。

最後に，いざこざ場面での実行者の反応を分析し，さらに幼児に特徴的な事例を取り上げ，いざこざ場面の時系列的なエピソード分析を行い，幼児の他者との関係調整の様相について検討した。その結果，4歳児であっても言語と動作を使って相互交渉を行っていることが示された。しかし，その言語の内容は単純なものが多く，ルールや順番についての言及は少なかった。従って，ゲーム遊び場面のいざこざの交渉は単純なやりとりが多く，5歳児であっても交代性ルールを言語的に表現することは難しいということが示唆された。

　このようなエピソード分析では，全体的に竿を持っている実行者の釣る権利が強いが，それに対して待機者は，自分の要求が通らない場合は，直接的・間接的要求表現や，動作的・言語的表現をそのつど変化させて，自分の意志を伝えていく様子が示された。特に，待機者は，最初は実行者の所有権を尊重するように間接的な方法で自分の交代して欲しい要求を伝えているが，それがうまくいかないと徐々に直接的な方法で交代を要求するようになることが示された。最終的には力ずくで竿を奪おうとする様子も観察された。以上のことから，ゲーム遊びにおけるいざこざ場面で，幼児は単純な相互交渉を積み重ねながら他者との関係を調整するための抑制能力や主張能力を修得していっているが，やはりスムーズな関係調整には，明確なルールの産出やその主導が重要であると考えられる。

　本研究で用いた魚釣りゲームは，魚が釣れたという実行者の行動の終了が明確にわかる状況であった。従って，その魚が釣れたことを規準にして交代制ルールを産出しやすい状況だったとも考えられる。しかし現実の遊びの状況では実行者の行動の終了が不明確な場合もありうる。第2節では，そのような状況で幼児がどの様に交代制ルールの規準を設定していくのかについても検討する。

第2節　お絵かき遊び場面における交代制ルールに及ぼす交代の タイミングの不明確さの影響（研究6）

【目　的】

　研究2ではボウリングゲーム場面を設定し，研究3から5では魚釣りゲーム場面を設定して幼児の交代制ルールの産出を検討した。その結果，4歳児も5歳児も全体的には交代制ルールを産出することができた。ボウリングゲーム場面は，実行者が投球することで遊具のボールが実行者の手から放れるため，交代のタイミングを計りやすい課題構造だった。魚釣りゲーム場面では，魚を釣ったら交代という規準で交代制ルールが産出されていることが多かった。遊具の竿は実行者の手から放れないが，魚が釣れたという実行者の行動の終了が明確なので，魚が釣れたことを規準として交代のタイミングを計りやすい課題構造だと言えるだろう。

　また魚釣りゲーム場面の研究では，交代のタイミングを計って交代のきっかけを作る子どもをルールの主導者として分析した。その結果，4歳児も5歳児も全体的には交代を待っている待機者が主導者になることが多く，待機者が交代のタイミングを計って自分の順番を主張しながら関係調整を行っていることが示された。

　これらの研究から，実行者の行動の終了が外的に判断しやすい課題構造であれば，そのタイミングで交代の規準が設定しやすくなるのではないかと考えられる。幼児でもそのタイミングを計って待機者が要求しやすく，交代制ルールを産出して関係調整することは可能であることが示された。それでは，実行者の行動の終了が外的には判断しにくい課題構造では，幼児はどのように交代制ルールを産出し，他者との関係調整を行うのだろうか。また年齢差や性差は見られるだろうか。

　この点を明らかにするために，本研究では，「もの」の要素である遊具の

質を変化させて，二者関係における交代制ルールの産出と主導者への影響を明らかにする。ここでいう遊具の質とは，交代のための規準が明確な遊具と規準が不明確な遊具の違いのことである。本研究では，規準が不明確な遊具としてお絵かき遊び場面を設定する。お絵かき遊び場面は，絵を描いている子どもの行動の終了時点が明確でなく，1回分の行動の区切りを外的に判断することが難しい。従って，交代の規準を幼児同士で決めていかなければならないと考えられる。本研究は，このようなお絵かき遊び場面における幼児の交代制ルールの産出と他者との関係調整の年齢差と性差を明らかにすることを目的とする。

交代制ルールの産出とその主導者について分析するにあたり，おえかき遊びでは，交代の際の規準が外的に明確に設定しにくいため，従来の魚釣りゲームの分析のように交代の規準の側面から交代制ルールを分類することが困難である。そこで，お絵かきのペンを使用している実行者と順番を待っている待機者のどちらが交代のきっかけを作り交代制ルールを主導するのかを中心に分析して，関係調整の様相を明らかにする。お絵かき遊び場面では，ボウリングゲームや魚釣りゲームよりもさらに待機者が実行者の行動をよく見ておく必要が生じると考えられる。従って，待機者が実行者の行動をよく見て交代のタイミングを計っているのかどうかについても分類の規準とする。

さらに，そのような関係調整が時間経過と共にどのように変化していくのかそのプロセスについて検討する。遊び開始時には関係調整がうまくいかないことがあっても，徐々に交代制ルールの主導者が交代のタイミングを設定して，時間経過とともにうまく関係調整ができるようになるのではないかと予想される。

【方　法】

対象者：本研究の対象者は，幼稚園の4歳児44名（平均年齢4歳7ヶ月），5歳児36名（平均年齢5歳8ヶ月）の計80名だった。性別内訳は，4歳男児28

名（14ペア）と4歳女児16名（8ペア），5歳男児18名（9ペア）と5歳女児18名（9ペア）だった。

遊具：対象者に与える遊具として，市販の「スイスイお絵かき」（パイロットインキ株式会社）を採用した。通常の鉛筆やクレヨンや紙を使用したお絵かき遊びでは，幼児の興味をひかないと考え，より興味をひきやすいこの遊具を選択した。ペンは，インクの代わりに水を使用したものである。ペンの中に水をいれ，このペンで付属のシートに絵を描いて遊ぶものである。絵を描いても，時間が経つと乾燥して自然に消えてしまう仕組みである。そのため，描き直したり，描き足したりできるようになっている。シートは，ピンク色で90cm×90cmの大きさの正方形だった。

手続き：はじめに，対象者は二人組のペアに分けられた。このペアは同性同年齢であり，日常一緒に遊んでいることを教師本人共に認めている子ども同士の二人組であった。

実験は幼稚園の大ホールで行われた。大ホールの隅に離して5台のテーブルを用意し，対象者5ペアに対して同時に実験を行った。小部屋で1ペアずつ実験を行うと対象者の緊張が高まる可能性があるため，大ホールで大勢一度に実験を行い，気楽な雰囲気作りを行った。各テーブルは距離的に離れており，背中向きとなるように設置されていたので，遊びに向かっている限りは他のペアの様子は見えなかった。一台のテーブルに，対象者二人を横に隣りあわせに座らせた。

お絵かき遊びは幼児が日頃よくやっている遊びであり，動きも少なく，遊具が特に興味をひくものではない。従って，最初にお絵かき遊びをしてもらおうとしても幼児が取り組まない可能性がある。従って，まず遊具に興味を持ってもらい遊び場面に慣れてもらうために，まず，魚釣りゲームで遊んでもらった。魚釣りゲームは，魚がゲーム盤で動きがあり幼児に興味の興味をひきやすいゲームである。

テーブルの上に魚釣りのゲーム盤が置かれた。釣り竿は，二人に1本しか

用意されていなかった。実験者は魚を釣ってみせながら,「これから,魚釣りゲームをしてもらいます。このように竿で魚を釣ります。魚を全部釣ってしまったら,魚をまた戻して遊んでいいです。」と,対象者に説明した。その後,「これから,私が終わりと言うまで,二人で一緒に魚釣りゲームで遊んで下さい。それでは,始めて下さい。」と教示した。遊びの途中で対象者から遊び方についての質問があった場合は,実験者は「自由に遊んでいいです。」とだけ告げた。実験者がストップウオッチで時間を測定して,10分後魚釣りゲームを終了した。

次に,場面に慣れたところで,お絵かき遊びをしてもらった。テーブルの上にお絵かき用のシートが置かれた。お絵かき用のペンは二人に1本しか用意されていなかった。実験者は,「これからお絵かき遊びをしてもらいます。私が終わりと言うまで,二人で一緒に自由にお絵かきをして遊んで下さい。それでは始めて下さい。」と教示した。遊びの途中で対象者から遊び方についての質問があった場合は,実験者は「自由に遊んでいいです。」とだけ告げた。

実験は10分間とし,実験者がストップウオッチで時間を測定して10分経過したところで実験を終了した。対象者には,遊び時間は明示しなかった。10分間の様子はビデオカメラで録画された。ビデオカメラは,テーブルの斜め前2m程度の位置に三脚で設置された。

ゲームの順番は,すべてのペアで魚釣りゲームのあとお絵かき遊びという順番だった。従って,本研究のお絵かき遊びの結果は,魚釣りゲームの後に行ったものであると限定される。

【結　果】

(1)交代制ルールの産出

お絵かき遊びでの二人に1本しかないペンの使用に関する交代制ルールについて分析を行った。ペンを持ってお絵かきをしている幼児を実行者,ペン

を持たずに順番を待っている幼児を待機者とした。遊びの中で，実行者と待機者が入れ替わった場合を1交代とした。二人で同時にペンを持つ場合では，二人で持った時を1交代，どちらかがペンを放してまた一人になった時を1交代とした。ビデオ録画された対象者ペアの行動から，交代とみなされる行動をすべて取り出した。交代の同定に関して，ビデオの行動を筆者と大学生の2名が独立に分析した。2名の一致率は98.5%であり，不一致の場合は，ビデオを何度も見直し協議の上決定した。

このような交代が2回以上継続して観察されれば交代制ルールありとしてペアを分類した。その年齢別・性別の結果を Table 5-10に示した。全く交代制ルールを産出しなかったペアは，お絵かき遊びでは，4歳男児2ペア，4歳女児1ペアの合計3ペアだった。この3ペアでは，一人の幼児が10分間絵を描き続けていた。研究3の魚釣りゲームの場合と同様に，遊具が実行者の手から放れないお絵かき遊びでは，実行者が全く交代しようとせず，待機者も自分の順番を主張することなく交代が全く成立しない場合があることが示された。しかし，そのペア数は全体的に少なかった。これらのペアでお絵かきが全くできなかった幼児に対しては，実験終了後にやりたい場合はお絵かきや魚釣りゲームをして遊ばせるように配慮した。

交代回数が0回だったペアは分析から除き，各ペア10分間の交代回数を調べ，年齢別・性別の平均交代回数を Table 5-11に示した。以下の分析からも交代回数が0回だったペアは除いた。

Table 5-10　年齢別・性別の交代制ルールの産出（数値はペア数）

	4歳児		5歳児	
	男児	女児	男児	女児
交代制ルールあり	12	7	9	9
交代制ルールなし	2	1	0	0

第5章　交代制ルールの安定性からみた幼児の関係調整の発達　97

Table 5-11　年齢別・性別の平均交代回数

4歳児		5歳児	
男児	女児	男児	女児
4.3(7.1)	9.8(5.5)	12.6(5.1)	9.2(6.4)

注：( )内の数値は標準偏差。

(2)交代制ルールの主導者

　お絵かき遊び場面では，幼児はどのように交代制ルールを産出して，関係調整を行っているのだろうか。お絵かき遊びは交代の際の規準が外的に判断しにくいため，従来の魚釣りゲームの分析のように交代の規準の側面から交代制ルールを分類することが困難である。そこで，ペンの使用に関する交代のタイミングをどのように計ってルールを主導しているのか，その主導者の観点から関係調整の分析を行った。

　遊び開始の際に事前に，このような場合には交代するといったルールを言語的に取り決めているペアはなかった。幼児は遊びを行っていく中で，そのつど誰がペンを使用するのかを決定していたと考えられる。従って，すべての交代が出現した場面を個別の単位として，その直前の様子を分析対象とした。

　ペンの使用に関するすべての交代場面を分析した結果，次のような4種類の関係調整に分類された。1つ目は，ペンを持っている実行者が，自分が書き終わったところで自分から待機者にペンを渡す場合で，「実行者主導調整」とした。2つ目は，実行者が描画途中だが順番を待っている待機者が自分の順番を言語的に要求して実行者が渡す場合で，「言語的要求型待機者主導調整」とした。3つ目は，実行者が描画を終了したかどうかは判断できないが，待機者が描画している実行者の動きをよく見て，描いている手が止まった時を見計らってペンを取り上げる場合で，「他者モニター型待機者主導調整」とした。4つ目は，待機者が実行者の描画中にも関わらずペンを取り上げる場合で，「他者配慮なし型待機者主導調整」とした。またこれ以外のものを

「その他」として分類した。その他の中には，実行者が待機者にペンを渡すのと待機者が実行者の持っているペンを取るのがほぼ同時でどちらが主導か判断できない場合，実行者と待機者が一緒にペンを持って描く場合，また一緒に描いた後そのまま待機者がペンを持って取ってしまう場合などがあった。交代の主導者の同定に関して，ビデオの行動を筆者と大学生の2名が独立に分析した。2名の一致率は93.6%であり，不一致の場合は，ビデオを何度も見直し協議の上決定した。

各関係調整タイプの年齢別・性別の平均出現割合を産出し，Table 5-12に示した。Table 5-12より，全体的に，実行者主導調整が多いことが示された。お絵かき遊び場面では，描画している子どもの方が書き終わったらペンを渡すという関係調整が多いことが明らかになった。

Table 5-12のデータに基づき，各関係調整タイプ別の各ペアでの平均出現割合を角変換し，2年齢（4歳児・5歳児）×2性別（男児・女児）の2要因の分散分析を行った。その結果，実行者主導調整で，性別の主効果に有意な傾向が認められた（$F(1,33)=3.02, p<.10$）。つまり，女児よりも男児の方で実行者主導調整が多い傾向にあることが示された。また，他者配慮なし型待機者主導調整で年齢の主効果が有意だった（$F(1,33)=5.47, p<.05$）。つまり，5歳児よりも4歳児の方で他者配慮なし型待機者主導調整が多いことが示された。

以上のことから，外的規準が不明確なお絵かき場面では，ペンを交代する場合に全体的には実行者主導調整が多く，実行者の方が，自分の描画の終了という区切りをつけて交代するという関係調整が多いことが明らかになった。このことから，お絵かき遊び場面では，実行者の方がある程度のところで他者を配慮した調整ができることが示された。しかしその一方で，待機者の方がどこで自分の順番を主張してよいかわかりにくいため待機者の主張が抑制されていることも示された。そして，このような関係調整が男児に多い傾向にあることも示された。

Table 5-12 年齢別・性別の交代制ルールの主導者からみた関係調整

関係調整タイプ	4歳児		5歳児	
	男児	女児	男児	女児
実行者主導調整	63.6(19.9)	46.4(23.4)	56.5(28.2)	43.9(21.2)
言語的要求型待機者主導調整	6.6(7.1)	3.4(5.8)	3.9(3.9)	18.2(32.8)
他者モニター型待機者主導調整	9.4(11.7)	27.9(25.2)	27.9(31.7)	30.1(17.6)
他者配慮なし型待機者主導調整	19.5(17.4)	20.9(15.8)	10.7(9.9)	5.7(6.3)
その他	0.9(2.2)	1.3(3.4)	1.0(3.0)	2.1(3.3)

注1：数値は各ルールの1ペアあたりの平均出現割合。
注2：（　）内の数値は標準偏差。

　また，全体的には実行者主導調整が多いものの，待機者主導調整の3タイプでは年齢差が見られた。特に，他者配慮なし型待機者主導調整は，5歳児よりも4歳児の方で有意に多く見られた。4歳児ではまだ待機者が順番を主張するタイミングがわからず，他者配慮のない待機者主導調整も見られることが示された。それに対して5歳児では，他者配慮のない待機者主導調整は減少し，他者の状況をモニターしたり，言語的に順番を主張したりして関係調整するように発達することが示された。

(3)お絵かき遊びにおける関係調整といざこざの出現との関連

　お絵かき遊び場面は交代の規準を外的に設定しにくく，交代のタイミングがつかみにくいため，他者との関係調整が難しいと考えられる。そこで，二人の間でいざこざが生じている場面をビデオから抽出した。ゲームの流れを止めてしまうような激しい遊具の取り合いは見られなかった。従ってここでは，遊具の取り合いに加え，実行者が遊びを行っている間に待機者がなんらかの行動を示して，実行者が不快感を表した場合もいざこざ場面として抽出

した。

　例えば，実行者がまだ絵を描いている途中なのに，待機者がペンを取ろうとして生じるいざこざがあった。また，実行者が早く絵を描き終えるように描き方を指示した場合，実行者がそれを嫌がって生じるいざこざもあった。しかし，待機者が「貸して。」と言語だけで適切に要求する場合はいざこざには含めなかった。いざこざの同定に関して，ビデオの行動を筆者と大学生の2名が独立に分析した。2名の一致率は98.0%であり，不一致の場合は，ビデオを何度も見直し協議の上決定した。

　各ペアの10分間のいざこざ出現数を調べ，年齢別・性別の平均いざこざ出現数を Table 5-13に示した。各データについて開平変換（$\sqrt{x+0.5}$）を行い，2年齢（4歳児・5歳児）×2性別（男児・女児）の2要因の分散分析を行った。その結果，有意差は見られなかった。つまり，年齢や性別によっていざこざの出現回数に違いが見られないことが明らかになった。

　結果(2)の分類によるお絵かき遊び場面の関係調整タイプによって，いざこざの出現に違いがあるのかどうかを検討した。Table 5-12の関係調整タイプそれぞれについて，各年齢別・性別の4群ごとで，ペアのタイプの出現割合の中央値を求め，それを規準に各タイプの出現割合が高い半数のペアをそのタイプ高群，低い半数のペアをそのタイプ低群として分類した。奇数ペアの4歳女児，5歳男児，5歳児女児では中央値のペアについては数値が近い方の群に分類した。

　年齢別・性別・関係調整タイプ別の各データについて開平変換（$\sqrt{x+0.5}$）を行い，関係調整タイプごとに2年齢（4歳児・5歳児）×2性別（男児・女

Table 5-13　年齢別・性別の平均いざこざ出現数

4歳児		5歳児	
男児	女児	男児	女児
3.9(4.6)	4.8(4.2)	5.0(5.0)	3.1(2.1)

注：（　）内の数値は標準偏差。

児)×2関係調整タイプ群(高群・低群)の3要因の分散分析を行った。その結果,他者配慮なし型待機者主導調整における関係調整タイプ群の主効果に有意差が見られた($F(1,29)=8.79$, $p<.01$)。このことから,他者配慮なし型待機者主導調整が多いペアは,少ないペアよりもいざこざ出現数が多いことが示された。

また,性別と関係調整タイプ群の交互作用に有意な傾向が見られた($F(1,29)=3.25$, $p<.10$)。このことから,女児は関係調整タイプによるいざこざ出現数の違いがそれほど大きくなく5歳女児ではむしろ低群の方でいざこざが多いが,男児の方が他者配慮なし型待機者主導が多いペアが少ないペアよりもいざこざ出現数が多いという違いが大きい傾向にあることが示された。5歳女児では,他者配慮なし型高群といっても,他の年齢に比べるとこの調整のタイプは全体的に割合が非常に低かったため,いざこざ出現数との関連が見られなかったと考えられる。

有意差の見られた他者配慮なし型待機者主導調整タイプごとのいざこざの平均出現回数をTable 5-14に示した。また,他の関係調整タイプ別の分析に関しては,有意差は見られなかった。

以上のことから,関係調整のタイプといざこざの出現には部分的に関連があることが示された。待機者が他者の行動をよく見ておらず,実行者がまだ描いているにも関わらず,ペンを取り上げるといった他者配慮のない待機者主導の関係調整が多いと,いざこざが増加することが明らかになった。

Table 5-14 年齢別・性別・関係調整タイプ別の平均いざこざ出現数

	4歳児		5歳児	
	男児	女児	男児	女児
他者配慮なし型高群	6.7(5.8)	8.3(5.0)	8.8(5.7)	2.4(0.6)
他者配慮なし型低群	2.3(2.7)	3.5(1.3)	2.0(0.7)	4.0(3.2)

注:( )内の数値は標準偏差。

(4)お絵かき遊びにおける関係調整のエピソード分析

　ここでは，お絵かき遊びにおける関係調整のプロセスを詳細に検討するために，いざこざが生じた回数が少ないペアと多いペアの事例をとりあげた。二人のやりとりをエピソードとして分析して，関係調整のプロセスを明らかにしていく。

　事例(1)は4歳男児のいざこざが少ないペアである。この事例1では，O男の方が最初に描き始めるが描き終わったところで，すぐに自分からP男にペンを渡した。その後，P男も自分が描き終わったら，自分からO男にペンを渡すという実行者主導であった。この後も，この実行者主導調整で交代制ルールが進行していき，相手が絵を描いている間に待機者から手を出すようなことは一度もなかった。

　事例(2)は4歳女児のいざこざが少ないペアである。4歳女児のいざこざが少ない事例では，Q子が最初に描き始めるが，R子がQ子の手が止まったところを見計らって手を出している。それに対してQ子は抵抗せずに，うまく交代している。さらに，R子は自分が描き終わると自分からペンを渡した。次には「貸して。」と言語的に要求して交代した。このように，他者モニター型待機者主導調整と実行者主導調整と言語的要求型待機者主導調整など関係調整の在り方を模索しながら，交代制ルールを産出しており，全体的にいざこざは少なかった。

　5歳児のいざこざが少ないペアに関しても，これらのペアと同様に他者モニター型が多く，他者の動きをよく見ることで，うまく交代制ルールが継続されていた。

　事例3は4歳男児のいざこざが多いペアである。この事例3はTable 5-15に示されている。いざこざと関係調整のタイプとの関連が見られるので，Table 5-15においても，ペンの交代の部分と交代の際の関係調整のタイプを□で囲って表現し，関係調整のタイプの時間的経過を示した。

　この事例では，S男が最初に描き始める。最初の方は，二人とも描くもの

Table 5-15 事例3 4歳男児のいざこざが多いペアのエピソード

ゲーム開始，S男がペンを取り描き始めた。
交代① 実行者主導調整
S男…チョンと点を描き終わると，S男の方からT男にペンを渡した。
交代② 実行者主導調整
T男…ペンをもらって描き始めるが，チョンと点を描き終わると，T男の方からS男にペンを渡した。
S男…ペンをもらって描き始めた。
T男…S男が描いている途中に，ペンを取ろうとした。
S男…T男にペンを取られそうになるので「待って。」と言ってT男の手を払いのけて抵抗した。いざこざが生じた。
結局S男がペンを放さずにいた。
　　　もう一度同じいざこざが生じた
交代③ 実行者主導調整
S男…描き終わると，S男の方からT男にペンを渡した。
T男…S男からペンをもらい描き始めた。
S男…T男が描いている途中に，ペンを取ろうとした。
T男…S男にペンを取られそうになるが，気にせずに絵を描き続けた。いざこざが生じた。
　　　　　　　　　　　　　　　…中略…
交代⑪ 待機者主導調整（他者配慮なし型）
T男…S男が描いている途中でペンを取り上げた。
交代⑫ 実行者主導調整
T男…描き終わって，自分からS男にペンを渡した。
　　　　　　　　　　　　　　　…中略…
S男…T男からペンを受け取り，円を描き続けて，「怪獣描こう。」と言いながらずっとペンを持ち続ける。
交代⑰ 待機者主導調整（他者配慮なし型）
T男…S男がずっとペンを持ち続けているので，何度も手を出してペンを取ろうとする。それでもS男は渡さないため，何度もいざこざが生じた。

注：□は，ペンの交代とその際の関係調整タイプを示している。

が決まっていないのか，少し描いて自分からペンを渡す実行者主導調整で交代制ルールが産出されていた。しかし，徐々に相手が描いている途中でも手を何度も出して，いざこざが頻繁に生じるようになった。他者配慮なし型待機者主導調整が増加し，無理やりペンを取り上げて交代するようになった。

　その後S男が「怪獣を描く。」と言って，ずっと描き続けていた。描くものが決まったせいか，S男はT男が手を出しても全く変わろうとしなかった。

そのため，いざこざが再び何度も生じるようになった。最後には，T男が無理やりペンを取り上げ他者配慮無し型待機者主導調整の交代が行われた。このように，徐々にずっと描いていたいという欲求が高まっている様子で，時間経過とともにいざこざが増加していた。

事例(4)は4歳児女児のいざこざが多いペアである。この事例4はTable 5-16に示されている。Table 5-16でも同様に，ペンの交代の部分と交代の際の関係調整のタイプを□で囲って表現し，関係調整のタイプの時間的経過を示した。

この事例では，最初から他者配慮なし型待機者主導調整の交代が見られ，W子の方が相手の状況に関わらず手を出してペンを取ろうとしていた。そのため，U子は抵抗していざこざが生じることが多かった。途中では，U子によって他者モニター型待機者主導調整や実行者主導調整も見られ，交代制ル

Table 5-16　事例4　4歳女児のいざこざが多いペアのエピソード

ゲーム開始．U子がペンを取り女の子を描き始めた。
W子…U子が描いている手が止まったところで，手を出してペンを取り上げようとした。
U子…いやがって「待って，待って．」と言って，さえぎった。ペンを渡さずいざこざが生じた。
交代①　待機者主導調整（他者配慮なし型）
W子…U子が描いている途中でペンを取り上げた。
交代②　他者モニター型待機者主導調整
U子…W子の描いている手が少し止まったところでペンを取り上げた。
W子…まだ描きたい様子ですぐにU子のペンを取り上げようとするが，U子は「待ってよ．」「いいじゃん．」と言って渡さなかった。いざこざが生じた。
交代③　実行者主導調整
U子…「できた．」と言って描き終わると，U子の方からW子にペンを渡した。
　　　　　　　　　…中略…
U子…「何描こうか？」とW子に話しかけながら描こうとしていた。
W子…答えずに，手をだしてペンを取ろうとした。
U子…抵抗して拒否した。いざこざが生じた
交代⑫　待機者主導（他者配慮なし型）
W子…U子が描いている途中でペンを取り上げた
U子…「Wちゃん悪いよ．」と言うが取り上げられた。

注：□は，ペンの交代とその際の関係調整タイプを示している。

ールは継続して実行されていたが，最後の方でも，W子は他者配慮なし型待機者主導調整を行い，全体的にいざこざが多く生じていた。

　5歳児のいざこざが多いペアでも，同様に最初の方では実行者主導でうまく交代制ルールが産出されていても，途中から他者配慮なし型待機者主導調整が増加し，いざこざが増えてくる事例が見られた。

　以上の事例のエピソードをまとめると，いざこざが少ないペアは，実行者主導調整が多く，4歳男児でも他者を配慮して実行者の方からペンを渡すという交代制ルールを産出していた。また，待機者主導調整の場合は他者モニター型が多く，相手の描いている様子をよく見て，手が止まったところを見計らってペンを取ろうとするとうまく交代することができ，いざこざが少なくなることも示された。

　一方で，いざこざが多いペアでは，他者配慮なし型待機者主導調整が多いことが読み取れる。相手が描いている途中でペンを取り上げようとすれば，当然実行者は不満を表出し，いざこざが生じることになる。お絵かき遊び場面では，行動の区切りが判断しにくいため，子どもが交代の規準設定が難しく交代のタイミングがつかみにくい。そのため，このようなタイプのいざこざが生じるようである。

　また，特にこのような他者配慮なし型は，時間経過とともに増加している様子も示された。最初は実行者主導調整でうまく交代していても，自分が描きたいものが決まり，描き続けたい欲求が高まったり，一方の幼児が他者配慮なし型で交代すると同じように他方の幼児も他者配慮なし型の関係調整をするようになったりして，最後の方にいざこざが増加しているようである。

　時間経過とともに交代制ルールの規準が明確になるのではないかと予想されたが，結果は逆で，行動の区切りが外的に判断しにくいお絵かき遊び場面では，時間経過とともに他者を配慮した関係調整ができなくなり，交代制ルールが不安定になることが示された。

【考　察】

　研究6の目的は，お絵かき遊び場面における幼児の交代制ルールの産出と他者との関係調整を明らかにすることであった。魚が釣れたという外的に明確な規準が設定しやすい魚釣り場面と比べると，外的に規準を設定することが難しいお絵かき遊び場面の方が交代制ルールの産出が少なく，いざこざが多く見られるのではないかと予想された。しかし，予想とは異なり，交代の規準が不明確なお絵かき遊び場面でも，幼児は大部分のペアが交代制ルールを産出していた。また，いざこざ出現回数も特に多いわけではなかった。

　さらに関係調整の分析では，お絵かき遊び場面では実行者主導調整が多いことが示された。研究3から5で魚釣りゲーム場面では待機者主導調整が多いことが示されていたが，お絵かき遊び場面では，実行者が自分の描画の終了という区切りをつけて交代する関係調整が多く見られた。外的に交代の規準を設定することが難しいお絵かき遊び場面では，実行者の方がある程度のところで他者を配慮した調整ができるのではないかと考えられる。その一方で，お絵かき遊び場面というのは，実行者が絵を描き終わったということを待機者は目で見て判断しにくいので，待機者から主導することができずに，実行者主導交代が多くなったとも考えられる。つまり，4歳児であっても魚釣りゲーム場面とお絵かき遊び場面を区別して課題構造に合わせて，交代の規準が不明確な課題構造であっても交代制ルールを産出できることが示された。

　また，待機者主導調整のタイプでは年齢差が見られた。特に，他者配慮なし型待機者主導調整は，4歳児の方で5歳児よりも有意に多く見られた。4歳児では，まだ待機者が順番を主張するタイミングがわからず，他者配慮のない待機者主導調整も見られることが示された。他者配慮なし型待機者主導調整が多いペアはいざこざが多いことも示されており，4歳児は他者の行動をよく見ていないために，関係調整が未熟であることが示唆される。それに対して5歳児では，他者配慮のない待機者主導調整は減少し，有意に多くは

ないものの他者の状況をモニターしたり，言語的に順番を主張したりして関係調整していた。他者の行動をよく見て，絵を描く手が止まったところを見計らって交代を要求していく能力，つまり他者の行動に注目する力の発達が関係調整に重要であることが示唆される。

さらに，遊びのプロセスを詳細に検討すると，最初のうちは実行者主導調整によってうまく関係調整が行われていたが，後半でいざこざが増加する傾向が認められた。時間経過とともに，待機者の早く描きたいという欲求と実行者のもっと描いていたいという欲求のぶつかり合いが始まり，相手が描いている途中でも関係なく手を出してペンを取り上げる他者配慮のない関係調整に変化するペアも見られた。つまり，幼児の関係調整は時間経過とともに規準が明確になり安定していくというわけでは必ずしもないことが示された。幼児の関係調整の時間経過にともなうプロセスについては，今後さらに検討していく必要があるだろう。

研究3から5で魚釣りゲーム場面では，5歳女児のみで実行者主導調整が多く見られ，女児の方が他者配慮が多いことが示されており，女児の抑制能力の高さ（柏木，1988）を支持する結果が得られていた。しかし，本研究のお絵かき遊び場面では5歳女児を特徴づけるような明確な性差は見いだされなかった。課題構造によって性差の現れ方も異なることが示されたと言えよう。交代制ルールに関する性差がどのような部分で生じるのかについても今後さらに調べる必要がある。

本研究で外的に規準が不明確なお絵かき遊び場面を設定して，詳細な事例分析を行うことで，最初から他者配慮なし型待機者主導調整の関係調整を行う幼児が数名いることが明らかになった。この幼児たちは，明らかに他者の行動を見て関係調整をしていく能力が未熟であるといえる。このような交代制ルールの産出場面を設定することで，幼児の未熟な関係調整が明確になると考えられる。未熟な幼児に相手の幼児も影響を受けて，徐々に二人とも他者配慮のない関係調整をするようになる事例も見られた。保育場面に交代制

ルールを必要とするような遊びを取り入れていくことで，関係調整の未熟な子どものスクリーニングにつながる可能性も示唆される。また，関係調整の未熟な幼児に対して，交代制ルールがうまく産出できるように介入していくことも必要になってくるだろう。

第6章 総 括

第1節 本研究で得られた知見―各研究結果のまとめ―

　本研究の目的は，遊び場面における幼児の仲間との関係調整の発達を，ルールの産出とその主導者の観点から検討することであった。加えて，「もの」（遊具）の要素を変化させる場合と，「人」（他者）の要素を変化させる場合を設定し，ルール産出の難易度を変化させて，子どもの関係調整に関わる要因を検討することであった。まず，研究1から6までで得られた結果を以下にまとめる。

　研究1では，4歳児から小学3年生までを対象に，比較的自由度の高い遊具での遊び場面を設定して，二者関係における交代制ルールの産出とその主導者の発達を検討した。その結果，1年生から3年生にかけて同時制ルールから交代制ルールへと産出ルールが発達し，相互に提案をして主導的に関係調整するようになることが示された (Table 2-3，Fig.2-1)。加齢に伴い，他者を取り込んで他者の行動に注目しやすく，自己と他者の両方に注目できる関係調整を行うようになることが示唆された。幼児ではルールを産出することが困難だったが，4歳児から5歳児にかけて提案が急増し，他者への視点が増加して関係調整の能力が発達する時期であることが明らかになった (Fig.2-1)。

　研究2では，4歳児と5歳児を対象に，基本的なルールが決定されており遊具を限定したボウリングゲーム場面を設定して，二者関係におけるルールの産出の発達を検討した。その結果，遊具を限定すれば，小学生と同様に幼児もルールを産出することができることが示された。4歳児は遊具の資源量

に影響され，遊具が多いと同時制ルールを産出したが，5歳児は資源量に影響されず安定して交代制ルールを産出した（Table 3-1）。いずれもいざこざは少なく，4歳児から5歳児にかけて同時制ルールから交代制ルールに発達し，ルールがあることが仲間との関係調整に重要であることが示された。

　研究3では，4歳児と5歳児を対象に，明確な交代の意志がなければ交代できない魚釣りゲーム場面を設定して，二者関係における交代制ルールの産出と主導者の発達を検討した。その結果，1匹釣ったら交代するという規準が明確な1匹交代は4歳児よりも5歳児で多いことが示された（Table 4-2）。また，規準がない交代の場合にいざこざが多く見られた（Table 4-5）ことから，うまく関係調整をするためには規準が明確な交代制ルールが重要であることが示唆された。また，特に5歳女児で規準が明確な1匹交代や実行者主導調整が多いという性差が示された（Table 4-2，Table 4-3）。他者への配慮を行い，他者と共有しやすい明確な規準を用いて関係調整を行う能力は，女児の方が早く発達することが示唆された。

　研究4では，4歳児と5歳児を対象に，三人組での魚釣りゲーム場面を設定して，三者関係における交代制ルールの産出と主導者の発達を検討した。その結果，規準が明確な1匹交代が5歳児で多くなることが示された（Table 4-7）。また，規準なしの交代でいざこざが多くなることが示され（Table 4-9），三者関係においても，規準が明確な交代制ルールが関係調整に重要であることが示唆された。

　また，三者関係では性差が大きく示された。規準が明確な1匹交代が男児よりも女児で多く，5歳女児では実行者主導も多い傾向にあった（Table 4-7，Table 4-8）。さらに，順番確認や仲介といった全体のメンバーに配慮する行動が女児で多いことも示された（Table 4-10，Table 4-11）。従って，三者関係においても，全体のメンバーに注意を向け他者を配慮した関係調整を行う能力は，女児の方が早く発達することが示唆された。それに対して5歳男児は交代制ルールが産出されないグループもあり，待ち時間が長くなる全部交代

も多かった．さらに，実行回数の偏りが女児に比べると多く見られる傾向にあり，不公平な交代になっているグループも見られた．男児は他者の取り込みが未熟で，力関係による関係調整の偏りが見られることが示唆された．

研究5では，4歳児と5歳児を対象に，魚釣りゲームの難易度を変化させて，ゲームの難易度が二者関係における交代制ルールの産出と主導者に及ぼす影響を検討した．その結果，4歳児も5歳児も，交代制ルールの産出はゲームの難易度に影響されることが示された．ゲームが簡単な方が交代制ルールの規準となる魚が釣れるという行動の完了が早く容易になるため，規準が明確な1匹交代のルールを産出し（Table 5-2），他者を配慮した実行者主導調整も多くなり（Table 5-3），いざこざが少なくなることが示された（Table 5-4）．

研究6では，4歳児と5歳児を対象に，交代のための規準が外的に不明確な遊具としてお絵かき遊び場面を設定して，遊具の質が交代制ルールの産出とその主導者に及ぼす影響を検討した．その結果，外的規準が不明確なお絵かき場面でも，幼児は交代制ルールを産出することが示された（Table 5-10）．また，実行者主導調整が多く見られ，自分の描画の終了という区切りをつけて交代する他者を配慮した関係調整ができることも示された（Table 5-12）．しかし年齢差も見られ，4歳児ではまだ他者配慮のない待機者主導調整も見られるが，5歳児になると，他者の状況をよく見てモニターしながら関係調整するように発達する傾向にあることが示された（Table 5-12）．外的規準が不明確な場面では，より他者の行動を見るということが関係調整にとって重要であることが示唆された．

第2節　交代制ルールの産出と主導者の観点からみた関係調整の発達と性差

本研究で明らかになったルールの産出とその主導者の観点からの，遊び場

面における仲間との関係調整の発達についてまとめる。まず，4歳児と5歳児の年齢の特徴をそれぞれ示す。

4歳児は，交代制ルールの産出が遊具の資源量やゲームの難易度や仲間の人数など状況要因に左右されて不安定だった。二人で使用できる遊具がある多資源条件では，同時制ルールを産出した。しかし，遊具が二人に1個しかない少資源条件やゲームが簡単な平易条件など状況次第では，交代制ルールを産出することができた。全体的には規準が明確な交代制ルールを産出することができたが，交代制ルールの規準も状況要因に左右されており，5歳児に比べると全部交代が多く，ゲームが難しい困難条件では規準なしの交代，三人組になると数匹交代という不明確な規準の交代制ルールを産出することが見られた。

ルールの主導者に関しては，待機者主導調整がほとんどで，自分の方から他者を配慮する実行者主導調整はあまり見られなかった。さらに，交代の規準を設定することが難しいお絵かき遊び場面では，実行者の様子をよく見ておらず，相手が絵を描き続けているにも関わらず交代を要求する他者配慮のない関係調整を行うことが示された。

5歳児は，交代制ルールの産出が状況要因に左右されずに安定していた。交代の規準も明確で，三者関係になってもゲームが困難な状況になっても交代制ルールの産出が安定していた。ルールの主導者に関しては，全体的には4歳児と同様に待機者主導調整が多かったが，5歳女児のみ他者を配慮する実行者主導調整が多かった。交代の規準を設定することが難しいお絵かき遊び場面でも，他者の行動をよく見てモニターして関係調整を行っていることが明らかになった。また，5歳児では，性差が大きくなることが明らかになった。特に三者関係では，5歳女児は，他者を配慮した実行者主導調整が多いだけでなく，全体のメンバーを配慮した順番確認や仲介という行動が多かった。一方，5歳男児は，交代制ルールが産出されないグループもあり，待ち時間が長くなる全部交代も多かった。さらに，実行回数の偏りが見られ，

不公平な交代になっているグループも見られた。

　以上のことから，4歳児から5歳児にかけて，同時制ルールから交代制ルールへ変化し，交代制ルールの規準が不明確なものから明確なものへ変化し，また他者配慮的な関係調整ができるようになることが明らかになった。特に5歳女児では交代の規準が明確で他者配慮的に主導し，三者関係では順番確認や仲介など全体的に他者を配慮した関係調整ができることが示された。

　このような同時制ルールから交代制ルールへの発達は，母子関係の共同注意の研究で示された同型性から相補性への発達と類似している。母子関係においては，この発達の足場かけは母親が行っているが，仲間関係においては，交代制ルールの産出が1つの足場かけのような役割を果たしていることが本研究で示された。このことは，本研究では子ども達のいざこざやゲームの主導者に現れている。例えば，交代制ルールが産出されている場合には，遊具が共有されて，いざこざが少ないゲームが展開された。また，交代制ルールの規準が明確な場合に，いざこざが少ないことも示された。

　同時制ルールではなく交代制ルールが足場かけになっていると考える点に関しては，次のことが考えられる。確かに同時制ルールでも，関係調整はできる。しかし，同時制ルールでは平行的な遊びの進行になり，自分が遊びを実行している間に他者の行動に注意を向けることができない。それに対して交代制ルールでは，次に誰が実行するかという他者の行動の予測をつけることができ，また他者の行動を見るチャンスが増える。Bandura（1977　原野訳1979）の社会的認知理論の中で，まず社会的モデルを見るということにより，反応の象徴的表象を構成することができ，その表象に基づいて自分自身を動機づけたり調整したりする機能が働き始めると説明されている。このことからも，交代制ルールの産出が，他者の行動をよく見る機会の増加につながり，さらにいっそうルールに他者を取り込む役割を果たして，他者との関係調整がうまく行われるようになると考えられる。

　以上のことから，交代制ルールの産出が幼児の関係調整の足場かけとなり，

他者を遊びの中に取り込んで，遊具を継続的・安定的に共有することができること，つまり，関係重視と関係維持の側面からの関係調整が可能になることが示された。しかし，幼児にとって交代制ルールの産出は，ゲームの難易度や遊具の量や質に影響を受けるため，幼児の関係調整を促進するためには環境設定の考慮が不可欠であるといえよう。

　さらに本研究では，4歳児から5歳児にかけて，交代制ルールとその主導者について，年齢差と性差が見られた。これらの年齢差，特に関係調整の年齢差を説明する他の研究としては，心の理論の獲得や他者の感情理解の研究が挙げられる。従来の研究で，心の理論の獲得や他者の感情理解が子どもの社会的能力と関連があるという知見が得られているものもある (Slomkowski & Dunn, 1996; Dunn & Cutting, 1999)。しかし，溝川 (2011) では，心の理論の理解や複雑な他者の感情理解は一部の社会的能力と相関が見られたものの，仲間関係とは直接的な相関は見られなかった。また，心の理論の獲得や感情理解の能力には性差が見られないとする研究が多い。従って，このような認知的能力は確かに社会的能力の基盤ではあるが，関係調整のスキルに直接または全体的に関係しているとは限らないと考える。その理由をここでは，交代制ルールの産出の中には，心の理論や感情理解には含まれない自己統制の側面と他者とのコミュニケーションという側面があることに注目して考察をする。

　まず，自己統制の側面について考える。交代制ルールの産出によって関係調整がうまくいくことを考えると，交代するためには順番を待つといった抑制能力が関わっていることが考えられる。交代の規準が不明確でいざこざが生じている事例のエピソード分析からも，なかなか魚が釣れない場合に順番を待ちきれずに相手に関わり，最終的には力ずくで遊具を取り上げる場面が見られた。抑制能力の発達には性差も見られており (柏木，1988)，女児の抑制能力の高さが交代制ルールの産出に影響を及ぼしているとも考えられる。

　しかし，関係調整の未熟さを抑制能力の未熟さだけで説明することはでき

ない。なぜなら，4歳児や男児には，むしろ待ち時間が非常に長くなる全部交代が見られたからである。抑制能力が未熟で待てないのであれば，待ち時間が短くなる規準の交代制ルールを産出するはずであるが，そうではなかった。全部交代は，一人の幼児が一通り全部ゲームを終えてから次の幼児に交代するものである。従って，自己と遊具の関係が重視されており，自己と遊具の関係の中に他者を取り込んでいる程度が低いと考えられる。この点では，同時制ルールと類似の性質を持つといえるだろう。

　つまり，関係調整がうまくいくためには，単に自己抑制の能力の側面というよりは，他者に注意を向けて自己と遊具の関係の中に他者を取り込んでいく関係重視の側面が最も重要であると考えられる。従来，自己統制能力は自己主張と自己抑制の側面から検討されてきたが，近年その中に注意の制御機能を含めて検討する考えが出てきている（Eisenberg & Spinrad, 2004；大内・長尾・櫻井，2008）。これは注意を焦点化したり移行したりする能力である。本研究に見られた交代制ルールも，心の理論や感情理解というよりは，注意を焦点化したり移行したりする自己統制機能に関わる能力を基盤にしており，遊具と他者との両方に注意を向けるという関係調整が発達すると考えられる。

　次に，他者とのコミュニケーションが含まれている点について考える。関係調整の発達の性差については，従来，子どもの日常生活における会話のスタイルに性差が見られ，男児は支配的なコミュニケーション，女児は友好的なコミュニケーションを行うこと（Leaper, 1991; Leman, Ahmed, & Ozarow, 2005），対人交渉方略は女児の方が発達が早いこと（山岸，1998；渡部，1993, 1995）が示されている。これは，対人関係を重視した他者配慮的な行動を，女児の方に求める性役割を意識したしつけの影響によるものであると解釈されている。本研究で検討された関係調整の発達についても5歳児で性差が大きくなり，特に三者関係という他者への配慮が必要になるほど性差が大きくなることを考えると，このような性役割に基づく社会化の影響も無視できないと言えよう。

従来は，幼児の自由遊びは，いざこざの葛藤解決という一時的な仲間との関係調整にのみ焦点が当てられて研究されてきたが，本研究では，ルールの発達に注目し，仲間との良好な関係を重視し，遊びの中に他者を取り込み，遊具を継続して共有する関係重視や関係維持を含めた関係調整に焦点をあてた点に意義がある。幼児期の仲間との関係調整のためのルールは同時制ルールから交代制ルールへとまた，規準が不明確な交代制ルールから明確な交代制ルールへと発達し，特に規準が明確な交代制ルールの産出が，幼児の仲間との関係調整の重要な足場かけの役割を果たしていることが示された。

第3節　教育への示唆

　幼児期の仲間との関係調整の能力が欠如すると，のちの青年期の社会的不適応のリスクとなることが示されている (Parker & Asher, 1987; Rubin et al., 1998; Asendorpf et al., 2008)。このリスクを軽減するために，保育現場で仲間との関係調整の能力を促進する取り組みが必要である。本研究では，幼児期の仲間との関係調整の発達の様相を検討し，4歳児から5歳児にかけてルールを介した仲間との関係調整が発達する点，また，幼児は遊具の環境によって他者との関係調整が影響される点が示された。これらの結果から，4歳児から5歳児の保育場面における仲間との関係調整の能力を促進するための環境設定に関して以下のようなことが示唆される。

(1)ゲーム遊び場面の設定の意義

　本研究の結果から，交代制ルールが幼児の仲間との関係調整の足場かけの役割を果たしていることが示された。このことから，保育場面の中に交代制ルールを含むゲーム遊びを多く導入することが必要だと考えられる。
　従来，幼児のソーシャルスキルの促進のために，ソーシャルスキルが未熟な子どもに仲間入りのスキルやいざこざなどの葛藤解決のスキルを獲得させ

る方法がとられてきた。確かにスキルが未熟な一人の子どもと1つのスキルに焦点をあてて直接的に指導していく方法も必要である。しかし，仲間関係の中で最も多くいざこざの原因となっている遊具の使用に関するルールを，実際のゲーム遊びの仲間関係の流れの中での経験させていくことも重要だと考えられる。

　現在保育の中でゲーム遊びも行われているが，鬼ごっこやサッカー，トランプやかるたなどが多く，遊具を交代で使用して自己と遊具の中に他者を取り込むようなルールの産出が必要なゲームは比較的少ないと考えられる。自己と遊具の中に他者を取り込み，遊具を継続的に共有するためのルールの産出，特に他者を見る機会を提供する交代制ルールを産出するようなゲーム遊びを多く経験させることが必要だろう。遊具が継続的に安定して使用できるゲーム遊び場面で他者を見る機会を得ることで，社会的学習能力が促進され，他のスキルを得るための社会性の能力にもつながると考えられるからである。

(2) **物理的環境設定の条件**

　本研究の結果から，ゲーム場面の設定でもさまざまな遊具の条件によって，幼児の交代制ルールの産出が影響されることが示された。このことから，交代制ルールの産出が未熟な幼児では，ゲーム場面の設定の際に，自由度の高い遊具ではなくある程度限定した遊具を用いる，遊具の資源量を減らす，平易なゲームを設定するなどの環境設定への条件が必要であることが示唆される。条件が考慮された上でさまざまな遊具を経験すれば，社会性が未熟な4歳児でも，交代制ルールを産出し，規準の設定や他者への配慮など他者との関係調整の練習をすることが可能になると考えられる。

(3) **人的環境設定の条件**

　本研究の結果から，二人組や三人組の少人数の仲間との関係調整で交代制ルールの産出が行われやすいことが示された。特に，三人組では順番確認の

発言や仲介などにより他者を配慮した行動が観察された。このことから，少人数でのゲーム場面の設定は関係調整の発達に必要だと考えられる。

また，全体的に交代制ルールの1匹交代という明確な規準や実行者主導交代は女児の方が男児よりも多く，順番確認や仲介なども女児の方が多いことが示された。実行者主導交代や仲介は，自分から遊具を渡す行動であり，他者への配慮が強いと考えられる。従って，女児の方が他者を取り込んで他者との関係調整をする能力が発達していると考えられる。このことから，他者への配慮が弱い男児に対しては，男女の混合の組み合わせのグループ活動を行うことが重要であると考えられる。女児の他者配慮的なルールの主導によって，男児もより他者を取り込むことを学び，いざこざの少ない交代制ルールを経験することで，自分から他者を配慮する関係調整を獲得することができるかもしれない。

近年保育現場では，名簿なども男女混合になっており，グループ活動は男女混合が多く行われている。しかし，自由遊びでは現在でも男女が別々の遊びを好み，男女で別の遊びの種類を行っていることが多く観察される。ゲーム遊びは，好みに比較的男女の違いが見られないものが多いので，ゲームという男女共通の遊びの中で男女混合チームを設定することが，他者配慮のある交代制ルールを促進するためには重要な方法であると考えられる。

第4節　今後の課題

今後は，幼児の仲間との関係調整の発達について，交代制ルールの産出を促進する要因についてさらに検討する必要があるだろう。物理的な状況要因によって幼児の行動は大きく影響されることが本研究でも示された。従って，どのような遊具の特質が交代制ルールの産出に影響を及ぼすのか，関係調整の発達を促進するのか，さまざまな特質をもつ遊具を用いて研究を積み重ねる必要があるだろう。同時に，前述した仲間との関係調整に関わる内的な認

知能力や社会的能力との関連も明らかにしていく必要がある．

　また，本研究の結果から得られた保育環境設定に関する示唆は，今後保育現場に導入して，その効果を検証していく必要があるだろう．ゲーム遊び場面を設定することで，交代制ルールの産出が足場かけとなり，他者を取り込んで関係調整を行う能力の促進が期待される．ゲーム遊びの様子の観察から，全く交代しなかったり順番が回ってこなかったりなど関係調整がうまくいかない幼児をスクリーニングすることが可能となり，臨床発達心理学的な視点からも導入が検討されることが重要だと考えられる．

引用文献

浅賀万里江・三浦香苗 (2007). 集団保育場面における幼児のいざこざの意義に関する一考察——量的・質的分析の両面から—— 昭和女子大学生活心理研究所紀要, 10, 55-64.

Asendorpf, J. B., Denissen, J. J., & Aken, M. A. G. (2008). Inhibited and aggressive preschool children at 23 years of age: Personality and social transitions into adulthood. *Developmental Psychology*, 44, 997-1011.

東敦子・野辺地正之 (1992). 幼児の社会的問題解決能力に関する発達的研究——けんか及び援助状況解決と社会的コンピテンス—— 教育心理学研究, 40, 64-72.

麻生武 (1991). 内なる他者との対話 ことばが誕生するとき 新曜社

麻生武 (1992). 身ぶりからことばへ——赤ちゃんに見る私たちの起源—— 新曜社

Bakeman, R., & Adamson, L. B. (1984). Coordinating attention to people and objects in mother-infant and peer-infant interaction. *Child Development*, 55, 1278-1289.

Bakeman, R., & Brownlee, J. R. (1980). The Strategic use of parallel play: A sequential analysis. *Child Development*, 51, 873-878.

Bandura, A. (1977). *Social Learning Theory*. Englewood Cliffs, New Jergey: Prentice-Hall.
(バンデュラ A. 原野広太郎 (監訳) (1979). 社会的学習理論——人間理解と教育の基礎—— 金子書房)

Cowen, E. L., Pedersen, A., Babigian, H., Izzo, I. D., & Trost, M. A. (1973). Longterm follow-up of early detected vulnerable children. *Journal of Consulting and Clinical Psychology*, 41, 438-446.

Dunn, J., & Cutting, A. (1999). Understanding others, and individual differences in friendship interactions in young children. *Social Development*, 2, 201-219.

Eisenberg, E., & Spinrad, T. L. (2004). Emotion-related regulation: Sharpening the definition. *Child Development*, 75, 334-339.

Everitt, B. S. (1977). *The analysis of contingency tables*. London: Chapman and Hall.
(エヴェリット, B.S. 山内光哉 (監訳) (1980). 質的データの解析 新曜社)

藤本学・大坊郁夫（2007）．コミュニケーション・スキルに関する諸因子の階層構造への統合の試み　パーソナリティー研究, 15, 347-361.

藤崎春代・無藤隆（1985）．幼児の協同遊びの構造——積み木遊びの場合——　教育心理学研究, 33, 33-41.

平林秀美（2003）．子どものいざこざをめぐって——社会性の発達の視点から——　東京女子大学紀要論集, 53, 89-103.

柏木恵子（1988）．幼児期における「自己」の発達　東京大学出版会

Killen, M. (1989). Context, conflict, and coordination in social development. In L. T. Winegar (Ed.) *Social interaction and the development of children's understanding*. New Jersey: Ablex Publishing Corporation, pp. 119-146.

木下芳子・朝生あけみ・斎藤こずゑ（1986）．幼児期の仲間同士の相互交渉と社会的能力の発達——三歳児におけるいざこざの発生と解決——　埼玉大学紀要教育学部（教育科学）, 35, 1-15.

Kirk, R. E. (1982). *Experimental design: Procedures for the behavioral science*. 2nd eds. Belmont, Calif: Brooks/Cole.

倉持清美（1992）．幼稚園の中のものをめぐる子ども同士のいざこざ——いざこざで使用される方略と子ども同士の関係——　発達心理学研究, 3, 1-8.

倉持清美（2001）．仲間と出会う場としての園　無藤隆（編）　保育・看護・福祉プリマーズ⑤発達心理学　ミネルヴァ書房　pp. 109-126.

Ladd, G. W., Price, J. M., & Hart, C. H. (1990). Preschooler's behavioral orientations and patterns of peer contact: Predictive of peer status? In S. R. Asher and J. D. Coie (Eds.), *Peer rejection in childhood*. Cambridge: Cambridge University Press. pp. 90-115.

Leaper, C. (1991). Influence and involvement in children's discourse: Age, gender, and partner effects. *Child Development*, 62, 797-811.

Leman, P. J., Ahmed, S., & Ozarow, L. (2005). Gender, gender relations, and the social dynamics of children's conversation. *Developmental Psychology*, 41, 64-74.

前田健一（2001）．子どもの仲間関係における社会的地位の持続性　北大路書房

McLoyd, V. C., Thomas, E. A. C., & Warren, D. (1984). The short-term dynamics of social organization in preschool triads. *Child Development*, 55, 1051-1070.

溝川藍（2011）．5, 6歳児における誤信念及び隠された感情の理解と園での社会的相互作用の関連　発達心理学研究, 22, 168-178.

無藤隆（2011）．無藤ニュース，〈http://groups.yahoo.co.jp/group/muto-news/〉

(2012年12月3日)
Onuf, N. (1987). Rules in moral development. *Human Development*, 30, 257-267.
大内晶子・長尾仁美・櫻井茂男 (2008). 幼児の自己制御機能尺度の検討　教育心理学研究, 56, 414-425.
Parker, J. G., & Asher, S. R. (1987). Peer relations and later personal adjustment are low-accepted children at risk? *Psychological Bulletin*, 102, 357-389.
Parten, M. B. (1932). Social participation among pre-school children. *Journal of Abnormal and Social Pyschology*, 27, 243-269.
Pellegrini, A. D., & Perlmutter, J. C. (1989). Classroom contextual effects on children's play. *Developmental Psychology*, 25, 289-296.
Piaget, J. (1932). *The moral judgement of child*. London: Routiedge & Kegan Paul.
（ピアジェ J. 大伴茂（訳）(1972). ピアジェ臨床心理学3．児童の道徳判断の発達　同文書院）
Piaget, J. (1945). *La formulation du symbole chez l'enfant*. Neuchatel, Switerland: Delachax & Niestle S.A.
（ピアジェ J. 大伴茂（訳）(1967). 遊びの発達心理学　黎明書房）
Rubin, K. H. (1982). Nonsocial play in preschoolers: Necessarily evil? *Child Development*, 53, 651-657.
Rubin, K. II. (1990). Introduction : Special Topic: Peer relationships and social skills in childhood-An international perspective. *Human development*, 33, 221-224.
Rubin, K. H., Bukowski, W., & Parker, J. G. (1998). Peer interactions, relationships, and groups. Damon, W. & Eisenberg, N. (Eds.) *Handbook of Child Psychology*, 3, 619-700.
斉藤こずゑ・木下芳子・朝生あけみ (1986). 仲間関係　無藤隆・内田伸子・斉藤こずゑ（編）子ども時代を豊かに──新しい保育心理学──　学文社　pp.59-111.
斉藤こずゑ (1992). 仲間・友人関係　木下芳子（編）新・児童心理学講座第8巻　対人関係と社会性の発達　金子書房　pp.31-82.
Shantz, C. U. (1987). Conflicts between children. *Child Development*, 58, 283-305.
Slomkowski, C., & Dunn, J. (1996). Young children's understanding of other people's beliefs and feelings and their connected communication with friends. *Developmental Psychology*, 32, 442-447.
Smith, P. K. (1978). A longitudinal study of social participation in preschool children: Solitary and parallel play reexamined. *Developmental Psychology*, 14,

517-523.

高坂聡（1996）．幼稚園児のいざこざに関する自然観察的研究――おもちゃを取るための方略の分類―― 発達心理学研究, 7, 62-72.

玉井真理子・杉山弘子・本郷一夫（1992）．保育者からみた子ども同士のトラブルの実体と対応(2) 日本教育心理学会第34回総会発表論文集, 274.

田中洋・阿南寿美子・安部奈々子・糸永珠里・松尾明子（1997）．3歳児におけるいざこざの発生と解決過程 大分大学教育福祉科学部研究紀要, 21, 357-368.

Treverthen, C., & Hubley, P. (1978). Secondary intersubjectivity: Confidence, confinding and acts of meaning in the first year. In A. Lock (Ed), *Action, gesture, and symbol.* New York: Accadmic Press. pp. 183-229.

氏家達夫（1982）．4－6歳幼児の社会的相互交渉についての研究 北海道大学教育学部紀要, 40, 89-103.

Wallon, H. (1952). *Les etapes de la sociabilite chez l'enfant.* Ecole liberee. reed. in Enfance, pp. 309-323.
　（ワロン, H. 浜田寿美男（訳）（1983）．ワロン／身体・自我・社会――子どものうけとる世界と子どもの働きかける世界―― ミネルヴァ書房 pp. 73-103.）

渡部玲二郎（1993）．児童における対人交渉方略の発達――社会的情報処理と対人交渉方略の関連性―― 教育心理学研究, 41, 452-461.

渡部玲二郎（1995）．仮想的対人葛藤場面における児童の対人交渉方略に関する研究――年齢，性，他者との相互作用，及び人気の効果―― 教育心理学研究, 43, 248-255.

山岸明子（1998）．小・中学生における対人交渉方略の発達及び適応感との関連――性差を中心に―― 教育心理学研究, 46, 163-172.

山口優子・香川克・谷向みつえ（2009）．保育園児のいざこざプロセス 関西福祉科学大学紀要, 13, 247-260.

山本愛子（1995）．幼児の自己調整能力に関する発達的研究――幼児の対人葛藤場面における自己主張解決方略について―― 教育心理学研究, 43, 42-51.

山本登志哉（1991）．幼児期における『占有の尊重』原則の形成とその機能――所有の固体発生をめぐって―― 教育心理学研究, 39, 122-132.

矢野喜夫（1991）．遊びと社会的関係の発達 矢野喜夫・落合正行共著 発達心理学への招待 サイエンス社 pp. 207-230.

吉田直子（2010）．"共同注意"の発達的変化 その2――「自他関係」の組織化に関する考察―― 中部大学現代教育学部紀要, 2, 67-76.

謝　辞

　本書は，筆者が20年以上にわたる研究をまとめ，2014年3月に広島大学から博士（心理学）の学位を授与された「博士学位論文」の全文です。

　本論文を完成させるにあたり，広島大学教授青木多寿子先生に多くのご指導と励ましをいただきました。博士論文を書く機会を与えていただきましたこと，論文のまとめ方を適切にご指摘下さったこと，温かいお言葉で精神的に支えて下さったこと，何から何までご指導いただきました。言葉に尽くせない感謝の気持ちでいっぱいです。本当にありがとうございました。

　また，同教授森敏昭先生，杉村伸一郎先生にもお忙しい中，私の社会人学生という立場に様々なご配慮をいただきながら，的確で貴重なご助言をいただきました。大変勉強になり，心より感謝申し上げます。

　これらの研究は，九州大学教育学部時代から継続的に進めてきたものです。九州大学時代に，私を研究の道へと導いて下さいました九州大学名誉教授山内光哉先生に深くお礼申し上げます。山内先生にはデータを積み重ねて研究をする面白さ，わかりやすく表現する技術，志を高く持つことなど多くのことを教えていただきました。山内先生がいつも見守って下さっていると考え，やっとのことで学位にたどり着き，この本を執筆することができました。また，具体的に論文にしていく過程で有益なコメントをたくさんいただきました。山内研究室の諸先輩方や後輩のみなさん，中でも，学部学生時代からお世話になっております久留米大学教授安永悟先生に厚くお礼申し上げます。

　それぞれの研究の実施にあたりましては，福岡県福岡市と大分県大分市の幼稚園・保育園の園長先生をはじめ，小学校児童育成クラブ等多くの先生方と子ども達にご協力いただきました。ここに記して深く感謝申し上げます。保育の現場で多くの子どもたちを観察させていただきました。おもちゃをど

んどん取り上げられていく気の弱い子や，自己主張できずひたすら順番を待っているだけのおとなしい子，「いいよ，いいよ」とすぐに譲ってしまうお人よしの子たちを見ていて，ルールという足場があれば，ストレスを感じずに遊べるのではないかと考え，本研究に取り組むことになりました。子どもたちのおかげで，遊び場面でルールを産出する事によって，より安定的な仲間との関係調整ができることが示せたと思っております。

調査・実験の実施やデータの整理などに協力して下さった大分県立芸術文化短期大学情報コミュニケーション学科の実習助手や副手，学生や卒業生のみなさんにも心からお礼を申し上げます。

なお，この本の出版に際しては，大分県立芸術文化短期大学「特別研究費」の交付を受けました。学長，事務局長のお取り計らいに感謝いたします。中山欽吾学長と吉良伸一学科長には，私が社会人として広島大学大学院への入学を快くお認めいただき，博士論文の執筆を応援していただきました。このような職場に恵まれましたことをありがたく感じております。

研究の実施においては，文部科学省の科学研究費，平成12・13年度奨励研究A「幼児の仲間関係におけるルール共有過程の発達」課題番号12710086，平成14・15年度若手研究B「幼児の仲間関係におけるルール共有過程の発達」課題番号14710113，平成17・18年度基盤研究C「幼児の仲間関係におけるルール共有過程の発達」課題番号17530498，平成23〜25年度基盤研究C「幼児の仲間関係におけるルール共有過程の発達」課題番号23530885の助成を受けました。

最後に，本書の出版にあたり，風間書房の風間敬子氏をはじめ編集部の方々にお世話になりました。厚くお礼を申し上げます。

2015年1月

藤田　文

著者略歴

藤田　文（ふじた　あや）

1987年　九州大学教育学部卒業
1992年　九州大学大学院教育学研究科博士後期課程単位取得退学
1997年　大分県立芸術文化短期大学講師
2014年　広島大学大学院教育学研究科博士後期課程修了
現　在　大分県立芸術文化短期大学教授
　　　　博士（心理学）　臨床発達心理士

主な論文・著書

「遊び場面における子供のルール共有過程」　教育心理学研究，1989年
「魚釣りゲーム場面における幼児の交互交代行動」　発達心理学研究，2007年
「発達科学ハンドブック5　社会・文化に生きる人間」　新曜社，2012年（分担執筆）

遊び場面における幼児の仲間との関係調整の発達
―交代制ルールの産出とその主導者を中心に―

2015年2月28日　初版第1刷発行

　　　著　者　　藤　田　　文
　　　発行者　　風　間　敬　子
発行所　　株式会社　風　間　書　房
　　　〒101-0051　東京都千代田区神田神保町 1-34
　　　　　電話 03(3291)5729　FAX 03(3291)5757
　　　　　　　　　振替 00110-5-1853

　　　　印刷　太平印刷社　　製本　高地製本所

©2015　Aya Fujita　　　　　　　　　NDC 分類：140
ISBN978-4-7599-2074-1　Printed in Japan

JCOPY 〈㈳出版者著作権管理機構 委託出版物〉
本書の無断複写は，著作権法上での例外を除き禁じられています。複写される場合はそのつど事前に㈳出版者著作権管理機構（電話 03-3513-6969, FAX 03-3513-6979, e-mail: info@jcopy.or.jp）の許諾を得て下さい。